短く・早く・好印象!
迷わず書けるメール術
How to write an e-mail in a second

仕事が進み、トラブルがなくなる
ビジネスメールの文例とフレーズ

神垣あゆみ 著
Ayumi Kamigaki

まえがき

およそ40%の人が自分のメールに自信がない

　ある打ち合わせの席で「メールの書き方って正解がわからなくて、いつも迷うんです」と、30代の女性から言われました。

　メールのやり取りをする上で、相手や状況により「こう書いておけば間違いない」という「正解」が見いだしにくく、自分の書き方が「正解」とも言い切れない。そんな思いを抱きながら、「では、どう書くのが最適か」と模索している人は多いのではないでしょうか。

　私は「仕事美人のメール作法」というメールマガジンを配信しているのですが、2017年12月から2018年1月にかけて、読者（2005年創刊、読者数約7300人、2018年5月現在）を対象にアンケートを行いました。「自分のメール対応に自信がありますか？」という問いに対して、「自信がある」と回答した人はわずか9%。「不安がある」と回答した人は39.7%、「どちらでもない」と回答した人は51.3%でした。

短さや長さよりも組み立て方

　用件を手短にまとめ、すぐ送信できるのがメールのメリットではありますが、相手に納得してもらうためには、簡略化しただけの安易な内容では相手に気持ちも姿勢も届きません。

　例えば、すでに決まっていた約束を、自分の都合で変更し

なければならないというケースを考えてみましょう。できれば避けたい事態ですが、どうしても変更しなければならないこともあります。そんなときに、

別件で立て込んでいるので、
○○の打ち合わせの日程を変更してもらえますか？

といった自分本位のメールでは、相手の理解を得ることができないばかりか、相手のことを軽視しているとも取られ、とても失礼。メールの作成に時間はかかっていませんが、相手への配慮とそれを伝える言葉が足りないために、相手は不快に感じてしまいます。
　では、どのように対処すべきか？
　どうしても自分都合で日程の再調整が必要になった場合においても、できるだけ相手の都合を優先し、次のように３つの段階を踏んでメールで連絡します。

　①相手に日程変更の可否を打診。
　②変更の理由を述べる。
　③変更日は相手の都合に合わせる。

予定しておりました
５月Ｘ日の○○の打ち合わせですが、
恐れ入りますが、Ｙ日以降に日程の変更を
お願いすることは可能でしょうか。
すでに調整済みの日程の変更を
お願いするのは大変心苦しいのですが

> 社内のトラブル対応に追われ、
> 十分な準備ができていないため、
> 勝手ながら変更をお願いする次第です。
> ５月Y日以降でしたら、
> 御社のご都合のよい日程に伺います。
> ご無理を申し上げ大変恐縮ですが、
> ご検討をお願いいたします。

　最初に挙げた文例より文字量は増えていますが、このメールの目的である「日程変更」というゴールに早く到達します。相手の理解を促し、返答しやすい内容に文を組み立てたことで、メール対応も１、２回のやりとりで済むことでしょう。
　このように相手に受け入れてもらえるかどうかは、書き方にかかっています。

あなたのデスクの片隅に

　ビジネスメールのやり取りではスピードが求められる反面、どのように書けばよいか、迷ったり悩んだりすることも多く、なかなかメールが書けないという声をよく耳にします。
　そこで本書では、より早く必要な文例やフレーズにリーチしていただくために検索性を追求しました。「感謝」「おわび」「依頼」など、テーマ別に状況に応じた文例と基本フレーズ、さらにそこから派生した言い回しを多数紹介しています。
　例えば、相手の対応に感謝の意を伝えたい場合、お礼の見本としてのメール文例を紹介するとともに、感謝を伝える基本フレーズ「ありがとうございます」のほかに、どのような

言いまわし、あるいは NG フレーズがあるかなどを解説して
います。

　さらに、本書の読者限定として、自由にカスタマイズして
使っていただけるシーン別メールの鉄板テンプレートを用意
しました。詳細については本書の巻末をご覧ください。

　これまで頻繁に起こりがちだったメールでのトラブル、パ
ソコンの前で迷ったり悩んだりする時間の解消に、本書が少
しでも役に立てば、これほどうれしいことはありません。

　デスクの片隅に置いて、ぜひご活用ください。

　　　　2018 年 5 月

　　　　　　　　　　　　　　　　　神垣あゆみ

もくじ

まえがき……………………………………………………………… 3

厳選 これだけ押さえればOK!
使える30フレーズ!! ……… 10

これでOK! ビジネスメールのポイント「5つのC」
ビジネスメールの5カ条 ……… 14

I 始める前にチェック! ビジネスメールの基本スタイル

1 ちょっとした技で差がつく! メールの基本設定 ………… 18
2 すぐ読むかどうかは、「件名」で決まる! ………………… 22
3 「書き出し」で相手に好印象を与える ……………………… 26
4 上手なメールの終わり方 …………………………………… 33

II ピッタリの表現が必ず見つかる! ビジネスメールの文例とフレーズ

1 感謝の文例とフレーズ ……………………………………… 40
2 気遣いの文例とフレーズ …………………………………… 45
3 おわびの文例とフレーズ …………………………………… 51
4 依頼の文例とフレーズ ……………………………………… 59

5	打診の文例とフレーズ	69
6	確認の文例とフレーズ	76
7	質問の文例とフレーズ	82
8	返答の文例とフレーズ	92
9	承諾の文例とフレーズ	100
10	拒否・辞退の文例とフレーズ	107
11	禁止・否定の文例とフレーズ	119
12	可能・肯定の文例とフレーズ	126
13	反論の文例とフレーズ	131
14	かわす・回避の文例とフレーズ	136
15	指摘・助言の文例とフレーズ	139
16	提案の文例とフレーズ	143
17	称賛の文例とフレーズ	145
18	遠慮・謙そんの文例とフレーズ	151
19	催促・督促の文例とフレーズ	156
20	紹介の文例とフレーズ	161
21	案内・勧誘の文例とフレーズ	165
22	参考の文例とフレーズ	171
23	報告の文例とフレーズ	174
24	連絡・お知らせの文例とフレーズ	178
25	相談の文例とフレーズ	184
26	転職・退職の文例とフレーズ	186
27	休職の文例とフレーズ	193
28	暑中見舞い・残暑見舞いの文例とフレーズ	195
29	年末のあいさつの文例とフレーズ	198
30	年始のあいさつの文例とフレーズ	202

31	贈答の文例とフレーズ	205
32	お祝いの文例とフレーズ	209
33	異動の文例とフレーズ	213

III ミスをなくし、効率アップ！ ビジネスメールの最適化

1	辞書登録で入力時間を大幅カット！	218
2	CCとBCC、正しく使えていますか？	220
3	添付ファイルを確実に送受信するために	222
4	返信するとき引用は必要？	224
5	送信前の最終チェック！	226

シーン別フレーズ一覧 228

本文デザイン●富永三紗子
DTP●野中賢（株式会社システムタンク）

厳選 これだけ押さえればOK！

1 はじめまして ➡P.24

例 はじめまして。商品企画部の吉田と申します。
初めての相手に送るメールの定番フレーズ。

2 お世話になります ➡P.29

例 いつもお世話になります。佐藤です。
客先など、頻繁にやりとりをする相手への書き出し。

3 ありがとうございます ➡P.41

例 ご返信いただき、ありがとうございます。
感謝の意を伝える、最も基本的なフレーズ。

4 おかげさまで ➡P.42

例 おかげさまで、プロジェクトは順調に進んでいます。
日頃の力添えや恩への感謝を伝えるフレーズ。

5 お疲れ様でした（でございました） ➡P.46

例 昨日は遅くまでお疲れ様でした。
共に仕事をした相手に声をかける際の基本的なフレーズ。

6 お手数ですが（ではございますが） ➡P.48

例 お手数ですが、至急ご返送いただけますか。
自分からの依頼で相手に手間をかけるときのフレーズ。

7 申し訳ありません（ございません） ➡P.52

例 ご要望にそえず、申し訳ありません。
わびる気持ちを表す、最も基本的なフレーズ。

使える **30** フレーズ!!

8 失礼いたしました　　→P.55

例 先ほどは連絡が行き違いになり、失礼いたしました。

ちょっとした間違いをわびるときのフレーズ。

9 恐れ入ります　　→P.42

例 恐れ入りますが、資料をお送りいただけますか。

相手に手間をかけることを恐縮するフレーズ。

10 失念　　→P.56

例 ご連絡先を失念しており、申し訳ありませんでした。

「思い出せない」「忘れていた」ということを伝える表現。

11 ～いただけると幸いです　　→P.64

例 お返事をいただけると幸いです。

相手の行動を促す丁寧なフレーズ。

12 ご多用のところ　　→P.65

例 ご多用のところ恐縮ですが、よろしくお願いいたします。

相手への心遣いを伝えるフレーズ。

13 ご都合はいかがでしょうか　　→P.71

例 今日中にお願いしたいのですが、ご都合はいかがでしょうか。

相手の都合を打診するときの定番フレーズ。

14 いかがいたしましょうか　　→P.72

例 ○○の件についてはいかがいたしましょうか。

こちらの対処はどのようにすべきかを打診するフレーズ。

15 ご確認をお願いします ➡P.72

例 ○○の支払い状況について、再度ご確認をお願いします。
反感を持たれずに打診するフレーズ。

16 よろしいでしょうか ➡P.77

例 確認したいことがあるのですが、よろしいでしょうか。
相手に確認する際の定番フレーズ。

17 ～という理解でよろしいですか ➡P.79

例 お2人とも別々にご参加、という理解でよろしいですか。
相手に確認したり、念を押すときに使うフレーズ。

18 お聞かせください ➡P.83

例 山本さんの感想をお聞かせください
質問をするときの定番フレーズ。

19 ご返答いたします ➡P.93

例 お問い合わせの件についてご返答いたします。
返信する際の定番フレーズ。

20 承知しました（いたしました） ➡P.101

例 次の打ち合わせの件、承知しました。
「了解しました」よりも丁寧な承諾の表現。

21 問題ありません（ございません） ➡P.103

例 送付先一覧を確認しましたが、特に問題ありません。
不満に思う点や非難すべき点がない状態を表すフレーズ。

22 しかねます ➡P.108

例 恐れ入りますが、当方では対応しかねます。
きつさを感じさせず、できないことを伝えるフレーズ。

23 ご遠慮ください（願います） ➡P.120

例 講演中のタバコはご遠慮願います。

禁止・否定を角を立てずに伝えるフレーズ。

24 （ご）参考になさってください ➡P.172

例 プロジェクトの関連資料です。参考になさってください。

参考情報を相手に伝える際の改まったフレーズ。

25 差し支えなければ ➡P.162

例 もし、差し支えなければ、ご紹介します。

相手の都合を打診する際のフレーズ。

26 ご報告いたします ➡P.175

例 このたびのプレゼンの結果についてご報告いたします。

メールで報告する際の書き出しの定番フレーズ。

27 拝見しました ➡P.179

例 貴社のWebサイトを拝見しました。

読んだことを伝える定番フレーズ。

28 よろしくお願い（いた）します ➡P.33

例 以上3点について、よろしくお願いします。

用件を総括するのに適した、結びのフレーズ。

29 取り急ぎご連絡まで ➡P.33

例 メールでは失礼かと思いましたが、取り急ぎご連絡まで。

用件のみ、すぐに伝えたいときの結びのフレーズ。

30 ご返信、お待ちしています ➡P.34

例 良いご返事をお待ちしております。

相手からの返信・回答が必要な場合の定番フレーズ。

\ これでOK！ /

ビジネスメールのポイント「5つのC」

ビジネスメールの5カ条

1 「Clearly」＝「明確に書くべし」
「シンプル　イズ　ベスト」

　一読しただけですっと理解できる明快・明確な文章が好まれます。語りすぎ、省略しすぎは読み手に負担をかけ、遠慮のしすぎ、気の回しすぎは読む側を疲れさせます。

嫌われるメール
- 表現がまわりくどい
- あちこちに話が飛ぶ
- 余談が多く核心がわからない
- 何度も読み返さないと意味が理解できない
- 専門用語を多用している

2 「Concisely」＝「簡潔に書くべし」
目安はワンスクロール

　メールを開いて画面をスクロールせずにさっと読める程度の文字量が適切です。

　用件を簡潔にまとめて書くこともビジネスメールに必要な条件。最初に必要な要件を書き出して整理したり、箇条書きにしたりするとよいでしょう。

　文章を読点でだらだらとつなげず、句点でほどよく切ることを意識すると、リズムのある読みやすい文章になります。

3 「Correctly」＝「正しく書くべし」
送信前にひと呼吸が鉄則

　　名前や社名など固有名詞の書き誤り、打ち間違いや変換ミスがないか、送信する前に一読して確認を。

　　また、根拠のない予測や、うわさなどの不確かな情報を書いてしまうと、相手が確認を強いられ、余計な時間を使わせます。メールは一瞬で情報を相手に伝えることができますが、同じように間違いも一瞬にして伝わることを肝に銘じておきましょう。

4 「Concretely」＝「具体的に書くべし」
数字を使おう

　　あいまい、あやふやな表現は誤解を招きやすくトラブルの元。数値や固有名詞を使い、具体的にイメージできる表記の仕方を工夫しましょう。

「来月の初めに」→「12 月 1 日に」
「午後には戻ります」→「14 時半に戻ります」
「かなりお得です」→「500 円もお得です」
「皆さんによろしくお伝えください」→「山田さんや川本さんにもよろしくお伝えください」

5 「Courteously」＝「丁寧に書くべし」
書き方 1 つで相手の行動も変える

　　メールは相手の表情が見えず文字だけで感情を読み取るので、会話よりも温かみが伝わりにくいツールです。自分では普通に用件だけ書いたつもりでも言葉が足りないと「素っ気ない」「ぶっきらぼう」「冷たい」印象を相手に与えてしまうことも。

　　禁止や否定的な表現は、肯定的な表現に言いかえると、相手も受け入れやすくなります。

I

始める前にチェック！

ビジネスメールの
基本スタイル

メールソフトの設定・件名・書き出しなど、
まずは基本を押さえましょう。

1 > ちょっとした技で差がつく！ メールの基本設定

差出人の設定

　ビジネスメールは、素性がわかりやすい設定にしておくことがポイント。気をつけたいのがメールソフトの「差出人」名です。

　社名と名前が入力してあれば問題ないのですが、ローマ字書きの個人名だけというケースも意外と多くあります。

　メールを受信する際、件名と同時に差出人名もチェックするので「何？」「誰？」とすぐにわからない差出人名は不審がられます。差出人名を個人名だけにしておくと、迷惑メールに間違われやすいです。

　ビジネスメールの場合は、差出人名はフルネーム、あるいは社名と姓など、誰からのメールかすぐわかるように設定しておきましょう。

　上司の代理でメールを送信する場合も差出人名に会社名が表示されれば、不審がられることはありません。

差出人名の例

●山本太郎　○○株式会社
●△△総研　森 花子

I ……ビジネスメールの基本スタイル

名前や社名を【 】で強調したパターン

【渡辺健太郎】□□商事
【◇◇リース / 中川由里】

所属部署や部局名を名乗るパターン

△△ 制作部
○○運営事務局

姓が変わった場合、旧姓も併せて明記することも

松岡洋子（中本）

署名の挿入

　ビジネスメールでは、差出人の情報を示した「署名」を入れるのが一般的です。ほとんどのメールソフトが、署名を登録して自動的に挿入する機能を持っています。
　署名の最も一般的な要素は次の3項目です。

★ 基本

1 感謝
2 気遣い
3 おわび
4 依頼
5 打診
6 確認
7 質問
8 返答
9 承諾
10 拒否・辞退
11 禁止・否定
12 可能・肯定
13 反論
14 かわす・回避
15 指摘・助言
16 提案
17 称賛

19

①**氏名**：珍しい姓や特殊な読み方をする場合はカッコ書きで読み仮名を入れたり、ローマ字表記を添えたりしておくと読み間違いをされません。

②**社名、部署名**：社名や所属部署名を明記する。

③**連絡先**：連絡先にはメールアドレスやWebサイトのURLの他に、電話番号、FAX番号、郵便番号、住所を明記しておくと、メールを受信した側が電話連絡や資料などを送付するときに名刺を見返す手間が省けます。

　この他、急ぎの場合の連絡先（主に携帯番号や携帯アドレス）、会社の内線番号なども署名に付加できる情報です。

　どこまで情報を公開するかは、状況や相手により異なりますが、メールアドレス以外の連絡手段を明記しておくことが、相手に対して親切です。

署名例

▼山田太郎　　株式会社○○○○○

営業企画本部
〒 000-0000　東京都△△区□□□町 1-23-4 (5F)
TEL　：03-1234-5678
FAX　：03-9876-5432
MAIL　：xxxxx@xxxxx.com
WEB　：http://www.xxxxxxx.com

I ······ビジネスメールの基本スタイル

★★緊急時 090-1234-5678 ★★

株式会社　○○○○○研究所
調査研究グループ　主任研究員　中小企業診断士

山 田　太 郎　（やまだ　たろう）

MAIL：xxxxx@xxxxx.or.jp
〒 000-0000　東京都港区△△ 1-23-4　△△△△△ビル 5 階
TEL：03-1234-5678　FAX：03-9876-5432
MOBILE：090-1234-5678

　出張などで社外にいることが多い場合は、会社の電話番号より、いつでもつながる携帯番号を明記。

■ 御社の製品／技術情報をネット上でアピールしませんか？
□ 効果的な営業・広報・マーケティングのツールです。
■ http://www.xxxxxxx.com/

　○○○○○株式会社　山田　太郎
　Address：〒 000-0000　広島市中区△△町 1-2-34
　E-Mail：xxxxx@xxxxx.or.jp
　TEL ：082-123-4567 FAX:082-987-6543
　URL ：http://www.xxxxxxx.com/

自社のキャッチフレーズを明記した例。

★ 基本

1 感謝

2 気遣い

3 おわび

4 依頼

5 打診

6 確認

7 質問

8 返答

9 承諾

10 拒否・
　　辞退

11 禁止・
　　否定

12 可能・
　　肯定

13 反論

14 かわす・
　　回避

15 指摘・
　　助言

16 提案

17 称賛

2 > # すぐ読むかどうかは、
「件名」で決まる！

読まれる件名の鉄則

　メールを判断する際、最初のチェックポイントとなるのが
件名です。単に「打ち合わせについて」と書くより、打ち合
わせの「何」についてかを具体的に書くようにすると、読み
手もひと目で判断できます。

　　×　打ち合わせについて
　　　　↓
　　○　打ち合わせの日時について
　　　　↓
　　◎　11月20日のA社打ち合わせ時間について

　1日に何十通もメールを受け取る人は、件名を見て「今読
む」か「後で読む」かを判断します。内容が判断しやすい件
名であれば、処理がスピードアップするので歓迎されます。
　メールを送る相手に必ず読んでほしい場合は、件名でしっ
かりアピールすることが必要です。

秘訣1：固有名詞を入れる

　件名に社名や団体名、名前などの固有名詞を入れるだけで
も目立ちます。あわせて、メールソフトの設定で「差出人」
に社名や名前を登録しておくことをお勧めします。

I ……ビジネスメールの基本スタイル

> ●件名：○○株式会社からのお知らせ
> ●件名：サイト更新の打ち合わせについて　○○産業・田中
> ●件名：【△△銀行】「電子お取引レポート」交付のお知らせ

秘訣２：数字を入れる

　例えば「先日はありがとうございました」という件名にするより、「7日の会合ではありがとうございました」と「いつ」のことかを数字で示すと、相手は「あ〜、あのときの…」と思い出すことができます。

　読み手は数字に注意がいくので記憶に残りやすく、迷惑メールとも混同されません。

> ●件名：16日の新年会、予約がとれました。
> ●件名：3月14日のイベント打ち合わせについて

秘訣３：記号を入れる

　件名に一定の決まった型を取り入れる方法も迷惑メールと混同されず、確実に読まれる件名として有効です。

　上記は《　》[　]【　】などの記号を使って社名やタイトルを強調し、件名を定型化した例です。件名のフォーマットを決めることで目立たせる効果があります。

> ●件名：ご利用明細のお知らせ《△△》
> ●件名：[月刊○○]取材原稿　構成の件
> ●件名：【ご案内】新工場見学会

★ 基本

1 感謝

2 気遣い

3 おわび

4 依頼

5 打診

6 確認

7 質問

8 返答

9 承諾

10 拒否・辞退

11 禁止・否定

12 可能・肯定

13 反論

14 かわす・回避

15 指摘・助言

16 提案

17 称賛

よく使われるアイテムに【重要】【至急】がありますが、迷惑メールにも多いので、次のように固有名詞や数字を盛り込み、具体性を持たせるとよいでしょう。

【至急ご確認をお願いします】○○の参加申込について

送り先別　件名例

初めての相手にメールする場合

　初めての相手にメールを送るときには、件名で自分の名を名乗ってしまいます。自分の名前や社名など、固有名詞を件名に入れるだけでも所在がわかるので、送信する相手に怪しまれずにすみます。

- ●件名：はじめまして。ABC 企画の山田と申します。
- ●件名：取材のお願い（○○編集部　田中）

　個人のアドレスがなく、社内で 1 つのアドレスを共有している相手の場合は、件名に「○○様　△△の件について」と名前を入れておくとわかりやすくなります。

久しぶりに相手へメールする場合

　疎遠になっていた相手にメールを送るときは、件名を名前＋「相手に思い出してもらいやすいキーワード」で構成しま

す。キーワードとして、社名や職業、所在地などを添えると
よいでしょう。

●件名：○○編集部の田中です。
●件名：△△商事　営業部　鈴木です。

頻繁にメールする相手の場合

　同じ相手に複数回メールを送るようなときにも、件名に数
字を入れるとわかりやすくなります。

●件名：報告書作成用資料 –1
●件名：○○社　社内報72号　P1-2用写真
●件名：1月18日掲載　△△銀行　12段原稿 –1

　このようにページ数や通し番号を入れておくと、受信する
側は整理や区別がしやすくなります。

件名：パッケージデザイン打ち合わせの件 (2)

と送信するたびに順次、数字を入れていくと後で見返す
ときに便利です。件名に限らず、メール本文や企画書などで
も、数字で表すことを意識して書くと内容がより具体的に伝
わり、説得力が増します。

3 > 「書き出し」で相手に好印象を与える

宛名

敬称の基本は「様」

敬称には、「様」「殿」「先生」などがありますが、ビジネスメールでは「様」が一般的です。公的な文書の宛名も「様」は失礼にあたりません。懇意な相手には「さん」と書くこともあります。

いきなり本文というメールもありますが、万一、誤って他の人へ送信した場合、宛名があれば間違いだとすぐわかるので、入れ忘れがないようにしましょう。

公式な文書や組織内では、上下の区別なく「殿」を使う習慣もあるようですが、通常のビジネスメールでは敬称は「殿」よりも「様」を使うほうが一般的です。

「○○社長様へ」は正しい？

「役職＝敬称」です。「社長」「部長」「課長」などの役職名は、そのまま敬称になるので「様」は付けません。

○○株式会社　山田太郎社長

もしくは、敬称だけでは抵抗がある、役職にも「様」をつけないと落ち着かないという場合は、**役職＋相手の名前＋様**と記述することをお勧めします。

26

I ……ビジネスメールの基本スタイル

> ○○株式会社社長 山村太郎様

活用範囲の広い「社名＋役職＋氏名＋様」

「社名＋役職＋氏名＋様」を基本のパターンとして覚えておくとよいでしょう。姓しかわからない場合は「社名＋役職＋（姓）＋様」とします。初めてメールを送る相手にも有効です。

> △△株式会社総務部長　小田良平様

　一般的な役職名「社長」「専務」「常務」「部長」「課長」のほか、「局長」「校長」「教授」「委員長」「理事」なども「役職＋氏名＋様」のパターンを適用すれば失礼になりません。

　小中高や大学の教員など、保育士や弁護士などの士業の相手の敬称は「先生」で、「氏名＋先生」とします。政治家や医師にも「先生」を使うことがあります。「先生様」と「様」をつける必要はありません。

団体宛てには「御中」

「御中」は担当者名が不明な場合に、官公庁、会社、団体宛てに送るときに使います。宛先の個人名が特定できている場合は不要です。

> ○○会社○○部 御中

　担当者の個人名がわかっている場合は以下のようにし、「御中」と「様」は併用しません。

★ 基本
1 感謝
2 気遣い
3 おわび
4 依頼
5 打診
6 確認
7 質問
8 返答
9 承諾
10 拒否・辞退
11 禁止・否定
12 可能・肯定
13 反論
14 かわす・回避
15 指摘・助言
16 提案
17 称賛

NG ▶ ○○株式会社御中　山田部長様
OK ▶ ○○会社△△部　山本太郎様

　宛先が「〜係」の場合も敬称は「御中」です。会社では新卒採用係や庶務係、総務部とか教務課といった部署に宛てるとき、学校では証明書発行係など、懸賞の応募では「○○プレゼント係」「△△クイズ係」、これらの敬称はすべて「御中」です。「係」のみで送るのは「御中知らず」といってNGです。

会社名の（株）（有）は略称

　会社名の正式な表記は「株式会社」「有限会社」で、（株）（有）はあくまで略称です。付き合いの程度や内容によっては使用しますが、見積書や請求書などは正式な表記にします。

複数の人に同時送信するときは「各位」

　複数の人に同時にメールを送る場合、名前を書き連ねる必要はありません。「各位」を使いましょう。「各位」そのものが敬称にあたるので、「殿」や「様」をつける必要はありません。

　ビジネスメールでは「担当各位」「店長各位」「会員各位」など、プレスリリースでは「報道関係者各位」がよく使われます。

○　報道関係各位
○　関係各位
×　各位殿
×　各位様

I ……ビジネスメールの基本スタイル

本文書き出し

　相手によってその都度文章を考え、通りいっぺんの書き出しにならないよう工夫すると印象に残るメールになります。

初めてメールを送信する相手

- はじめまして。商品企画部の川本と申します。
- 初めてご連絡いたします。
　△△商事の山田と申します。
- 突然のメールで失礼いたします。
　□□株式会社　制作部の田中と申します。

　初めて相手に送るメールの定番フレーズが「はじめまして」「初めてご連絡いたします」です。
　初めての相手には、
　　「宛名」→「あいさつ」→「自分の紹介」→「本題」
という流れが基本のパターン。
　冒頭のあいさつに続き、まず、自分の素性を明らかにします。社名や部署名、自分の担当する役割と名前を記し、「自己紹介」を。このとき、「△△様からご紹介をいただき～」「御社のホームページを拝見し～」とメールを送るに至った経緯を添えておくと、相手の警戒心が解けます。

送り先別　書き出し例

初めてメールを送る相手の場合

- はじめまして。ABC 企画営業部の山田です。
- この度はお世話になります。鈴木です。

★ 基本

1 感謝

2 気遣い

3 おわび

4 依頼

5 打診

6 確認

7 質問

8 返答

9 承諾

10 拒否・辞退

11 禁止・否定

12 可能・肯定

13 反論

14 かわす・回避

15 指摘・助言

16 提案

17 称賛

ビジネスメールで多用される「お世話になります」ですが、初めてメールする相手にはあえて使わず「はじめまして」のあいさつや「お世話になります」の前に「この度は」を添えます。

客先など、頻繁にメールをする相手の場合

> お世話になります。竹田です。
> ご連絡いただき、ありがとうございます。

　あいさつのほかに、書き出しに意識的に入れるようにすると良いフレーズが「ありがとうございます」です。メールの印象が明るく前向きに感じられます。

疎遠だった相手にメールをする場合

> ご無沙汰しております。
> 以前、△△の件でお世話になりました小川です。

　長らくやり取りをしていない場合は、名前のほかに相手が自分のことを思い出しやすいキーワードを添えます。過去にした仕事の案件をキーワードにするのもわかりやすいです。

社内の上司や目上の人にメールをする場合

　長たらしいあいさつや前置きは抜きで、さっと本題に入るのが好ましいです。伝えるべきポイントを簡潔にまとめて「報・連・相」を心がけましょう。

> 山本専務
> 　お疲れ様です。総務の小林です。
> 　明日の打ち合わせの件ですが…

Ⅰ……ビジネスメールの基本スタイル

　社内の上司や目上の人に送るメールでは、あいさつ代わりのひと言として「お疲れ様です」を添えることもあります。目下の者から目上の人へ「ご苦労様です」は不適切な表現なので注意しましょう。

社内の同僚や部下にメールする場合

> お疲れ様です。

　お互いの労をねぎらう書き出しフレーズとして一般的な「お疲れ様です」。

　部下など、目下の相手へのメールの書き出しは「いつも遅くまでご苦労様です」「急いで仕上げてもらい、助かりました」と日ごろの仕事へのねぎらいの言葉をかけたいものです。

　目下の相手だからと、呼び捨てや命令口調、なれなれしい表現はいただけません。言葉遣いにも相手への敬意を忘れずにいましょう。

メールを転送する場合

> ● 興味深いメルマガの記事を見つけたので、参考までに転送します。
> ● 客先から下記のメールをいただきました。お知らせまで。

　自分が受信したメールを誰かに転送する場合、転送メールの冒頭にひと言、転送する意図を書き込んで送ると読む側にも内容が伝わりやすいです。

　転送する意図以外に、特に注目して読んでほしいポイントを明記したり、自分の感想を冒頭に添えて送るなど簡単な「解説」を添えると、より相手の興味を引き出せます。

★ 基本
1 感謝
2 気遣い
3 おわび
4 依頼
5 打診
6 確認
7 質問
8 返答
9 承諾
10 拒否・辞退
11 禁止・否定
12 可能・肯定
13 反論
14 かわす・回避
15 指摘・助言
16 提案
17 称賛

31

転送する際は、転送元メールの送信者名やアドレスを第三者に開示すべきか否かを注意しましょう。

１日に何度もメールする場合

- 何度も失礼します。
- たびたび恐れ入ります。

　何回も続けてメールを送るような場合、「お世話になります」をその都度くり返すより、メールを何度も送る状況を恐縮するひと言を添えるとよいでしょう。

……ビジネスメールの基本スタイル

4 上手なメールの終わり方

結びの言葉

ひと言添えて変化をつける

ビジネスメールで最もよく使われる結びの一文が「よろしくお願いします」です。用件を総括するのに適した言葉ですが、ワンパターンに陥りがち。状況に応じて「よろしくお願いします」の前にひと言添えると変化がつけられます。

- <u>引き続き</u>よろしくお願いします。
- <u>今後ともお付き合いのほど、</u>よろしくお願いします。
- <u>勝手を申し上げますが、ご対応</u>よろしくお願いします。

便利な「取り急ぎ…」

用件のみ、すぐに伝えたいときにおさまりが良い結びの言葉に「取り急ぎご連絡まで」があります。「ご連絡」を「ご報告」「お礼」に代えて使用できます。

すぐに対面できないけれど、状況や気持ちをひとまず伝えておきたい場合は、下記のように結びます。

- 取り急ぎ、メールにてお知らせする次第です。
- 本来なら、お会いしてお伝えすべきところですが、メールにて失礼いたします。

★ 基本
1 感謝
2 気遣い
3 おわび
4 依頼
5 打診
6 確認
7 質問
8 返答
9 承諾
10 拒否・辞退
11 禁止・否定
12 可能・肯定
13 反論
14 かわす・回避
15 指摘・助言
16 提案
17 称賛

33

要返信であることを明記

　相手からの返信を望むときは、結びに返信依頼のひと言を添えておくと確実です。

一般的な要返信の言葉

- ●ご返信、お待ちしています。
- ●ご返事いただければ、幸いです。

一歩踏み込んだ要返信の言葉

良いご返事をお待ちしております。

返信を要する項目を具体的に示す

今回の業務を担当していただけるかどうかだけでも至急、ご連絡いただければ幸いです。

返信の期日を明記

準備の都合上、XX日までに出欠をお知らせいただけますか。

「お手すきのときにでもご返信ください」「いつでも良いのでご回答ください」という表現は、読む側からすると後回しにする確率が高いです。

返信や回答が必要な場合は、期日を指定するか、「お待ちしています」「ご返信いただければ、幸いです」と明記するほうが確実です。

メールの結びで「長々と書きつらね、申し訳ございません」とわびるより、件名や書き出しに「長文になります」と書き添えるほうが、相手はすぐに読むか後にしたほうがいいかの判断がしやすいです。

次につなげる結びの言葉

用件を伝えたら、それっきりで終わらせず、対面が控えている場合は心待ちにしている気持ちを添えたり、後から問い合わせや連絡ができる旨を伝えたりして、相手との関わりを次につなげていきましょう。

込み入った内容を伝えるとき

> 詳細は打ち合わせの際に改めてお知らせいたします。

対面の約束や出席をするとき

> ● 明日、お会いできることを楽しみにしています。
> ● ご参加をお待ちしています。

対面・参加ができないとき

> ● 今回はお目にかかれず残念ですが、またぜひお会いしましょう。
> ● 次回はぜひ参加したいので、ご案内いただければうれしいです。

I ……ビジネスメールの基本スタイル

★ 基本
1 感謝
2 気遣い
3 おわび
4 依頼
5 打診
6 確認
7 質問
8 返答
9 承諾
10 拒否・辞退
11 禁止・否定
12 可能・肯定
13 反論
14 かわす・回避
15 指摘・助言
16 提案
17 称賛

相手が聞きやすい、言いやすい、来やすい状況を伝え、行動を促す結びもあります。

問い合わせしやすい状況を伝える

不明な点があれば、遠慮なくお尋ねください。

歓迎の姿勢を示す

お近くにお越しの際は、ぜひお立ち寄りください。

他の人への気遣いを添える

○○様によろしくお伝えください。

Ⅰ ……ビジネスメールの基本スタイル

社外向けメールの基本スタイル

宛先：sato@XXX.com

CC：

BCC：

件名：△△の資料送付のお願い

○○株式会社 …①宛名
佐藤様

はじめてご連絡いたします。 …②書き出し
私は、○○の鈴木と申します。 …③自分の名前

貴サイトを拝見し 、
△△を扱っておられることを知り
ご連絡をした次第です。

現在、当社で既存設備に加え　　　　　　…④本文
新規に△△の購入を検討しております。
つきましては詳細について知りたいので
資料をお送りいただけないでしょうか。

送付先はこちらです。
〒 XXX–XXXX
東京都○○区○○ XX-X-X
○○株式会社
鈴木宛
電話：03-XXX-XXXX

どうぞよろしくお願いいたします …⑤結びの言葉

追伸：ちなみに既存設備は A 社の B です。 …⑥追伸
　　　ご参考まで。

○○株式会社　　鈴木太郎
〒 XXX-XXXX　　東京都○○区○○ XX-X-X
TEL ：03-XXX-XXXX
FAX ：03-XXX-XXXX
E-mail：suzuki@XXX.co.jp
http://www.XXX.co.jp/

★ 基本
1 感謝
2 気遣い
3 おわび
4 依頼
5 打診
6 確認
7 質問
8 返答
9 承諾
10 拒否・辞退
11 禁止・否定
12 可能・肯定
13 反論
14 かわす・回避
15 指摘・助言
16 提案
17 称賛

社内向けメールの基本スタイル

宛先:tanaka@XXX.com

CC:

BCC:

件名:X日のA社打ち合わせ日程変更について

制作部 …①宛名
田中様

お疲れ様です。 …②書き出し
営業二課の渡辺です。 …③自分の名前

X日の打ち合わせの件ですが …④本文
先方から日程変更の申し入れがありました。

X月　X日（X）　14：00 〜
　↓
X月XX日（X）　14：00 〜

とのことですが
ご都合はいかがでしょうか。

特に問題がなければ
XX日（X）14：00に伺う旨、先方に連絡します。

ご返信お待ちしています。 …⑤結びの言葉

追伸：打ち合わせの参加メンバーは…⑥追伸
　　　前回どおりです。

営業二課　　渡辺太郎
E-mail：watanabe@XXX.com
内線：X-XXXX

38

II

ピッタリの表現が必ず見つかる！

ビジネスメールの文例とフレーズ

状況に応じ、伝わるメールが書ける！

1 感謝の文例とフレーズ

感謝の気持ちを伝えるメールは間をおかず、できるだけ早く送ることが大切。メールの冒頭に感謝の気持ちを伝えるひと言があると相手に好印象を与えます。

対応へのお礼

件名：先ほどはありがとうございました。

○○株式会社
佐藤様

高橋様へも同報です。
お世話になります。メルイチ商事の鈴木です。
先ほどは△△システムについてご説明いただき、　　POINT
ありがとうございます。

さっそく、詳しい資料もお送りいただき、
重ねてお礼申し上げます。

システム導入については前向きに検討しております。
社内で討議のうえ、改めてご連絡させてください。
引き続きよろしくお願いいたします。

POINT　「何が」「どのように」ありがたかったのかを明示すると、儀礼的なあいさつにならず、相手に感謝の気持ちが伝わります。

II ……ビジネスメールの文例とフレーズ

感謝の基本フレーズ

ありがとうございます

ご返信いただき、ありがとうございます。

　言わずと知れた感謝の意を伝える最も基本的なフレーズ。「ご返信」に代わる言葉として、「ご連絡」「ご確認」「ご対応」「お知らせ」などがあります。

何に対するお礼かを明記

　お礼のメールを送る際は、ただ単に「ありがとうございます」「ありがとうございました」ではなく、何に対するお礼かを明記しましょう。

　メールの件名も、いきなり「ありがとうございました」と書くより、「本日の面談のお礼」と、何のお礼かをまず書き、感謝の言葉はメール本文で述べるとよいでしょう。

- 当社の提案をご採用いただき、ありがとうございます。
- ご多忙のところご対応くださり、ありがとうございました。

その他の感謝のフレーズ

重ねてお礼申し上げます

早速のご返信、ありがとうございます。
参考資料もお送りいただき、重ねてお礼申し上げます。

★ 基本

1 感謝

2 気遣い

3 おわび

4 依頼

5 打診

6 確認

7 質問

8 返答

9 承諾

10 拒否・辞退

11 禁止・否定

12 可能・肯定

13 反論

14 かわす・回避

15 指摘・助言

16 提案

17 称賛

メール本文に「ありがとうございます」がくり返し使われるときは、別の表現に言いかえて感謝の気持ちを表すとスマートです。

「ありがとうございます」を連発するほど、感謝の気持ちは薄れて伝わり、相手には儀礼的に感じられるので注意しましょう。「ありがとうございます」以外のフレーズを用いると感じよくまとまります。例えば、「感謝いたしております」「ありがたく思っております」などの言いまわしがあります。

恐れ入ります

お忙しいところ、恐れ入ります。

何らかの配慮を相手がしてくれたときに「恐れ入ります」を使うと感じが良いものです。「恐縮です」とも言いかえられます。訃報を知らせるメールへの返信は「ありがとうございます」は控え、「恐れ入ります」を使います。

会長がお亡くなりになったとのこと。
わざわざお知らせいただききまして、恐れ入ります。

おかげさまで

● おかげさまで、次のプロジェクトも順調に進んでいます。
● これもひとえに、御社にご協力いただいたおかげです。

Ⅱ……ビジネスメールの文例とフレーズ

　気にかけたり、支えてくれている人たちへの感謝の気持ち
を凝縮した言葉。結果や成果を伝えるフレーズとしては「○
○のおかげで」という言い方もあります。

感謝のフレーズにプラス

➕お気遣い

お気遣いいただき、ありがとうございます。

　ささいなことでも相手の気遣いや配慮に気づいたら、言葉
にして伝えましょう。小さな積み重ねが心を通わせ、信頼関
係を築く礎になっていきます。

➕お心遣い

いつもお心遣いいただき、感謝の気持ちでいっぱいです。

「お気遣い」に代わる言葉として「お心遣い」「ご配慮」が
あります。いずれも相手が気にかけてくれたり、自分の配慮
を感じたりしたときにひと言添えたいフレーズです。

➕ご配慮

OK▶ ご配慮くださり、お礼申し上げます。
NG▶ 格段の御高配を賜り、厚く御礼申し上げます。

★ 基本

1 感謝

2 気遣い

3 おわび

4 依頼

5 打診

6 確認

7 質問

8 返答

9 承諾

10 拒否・
　　辞退

11 禁止・
　　否定

12 可能・
　　肯定

13 反論

14 かわす・
　　回避

15 指摘・
　　助言

16 提案

17 称賛

43

NG 例文のような形式化した文章はかた苦しく、儀礼的で気持ちが伝わりません。この場合、「ご配慮」を使ってシンプルに言いかえるほうがすっきりします。

➕お取り計らい

部長のお取り計らいに心から感謝いたします。

物事がうまく運ぶように適切な処置をすること。「お気遣い」「お心遣い」「ご配慮」と言いかえることもできます。

感謝の NG フレーズ

✕すみません

NG▶ 迅速にご対応いただき、すみません。
OK▶ 迅速にご対応いただき、ありがとうございます。

恐縮する気持ちを伝える「すみません」より、感謝の気持ちを伝える「ありがとうございます」のほうが前向きで好印象を与えます。

✕どうも

NG▶ わざわざ来ていただいて、どうも。
OK▶ ご足労いただき、ありがとうございました。

「どうも」はいろいろな場面で使える便利な言葉ですが、これだけでは、きちんとした感謝の気持ちは伝わりません。

44

2 気遣いの文例とフレーズ

少しでも相手の手間や時間をとったり、気を使わせてしまったときには、ひと言ねぎらいや感謝の気持ちを伝えるようにすると、やりとりが円滑になります。

客先へのねぎらい

件名：50周年記念誌の完成、お疲れ様でした。

○○株式会社
佐藤様

お世話になります。
メルイチ商事の鈴木です。

50周年記念誌がついに完成とのこと。
ご連絡いただき、ありがとうございます。

通常の業務でお忙しい中、佐藤様には、　　　POINT①
編集委員長として社内での指揮をとっていただき
本当にお疲れ様でした。

本来の業務と並行しながらの編集作業は
ご苦労も多かったことと拝察します。

ですが、最後まで根気強くご対応くださった　　POINT②
おかげでどこに出しても恥ずかしくない
完成度の高い記念誌になったと思います。

一緒に仕事をさせていただき、大変勉強になりました。
今後ともよろしくお願いいたします。

まずは、お礼まで。

★ 基本

1 感謝

2 気遣い

3 おわび

4 依頼

5 打診

6 確認

7 質問

8 返答

9 承諾

10 拒否・辞退

11 禁止・否定

12 可能・肯定

13 反論

14 かわす・回避

15 助言・指摘

16 提案

17 称賛

45

POINT ① 業務を通して気づいた相手の努力や尽力に光をあて、ねぎらいの言葉をかけましょう。

POINT ② 相手の労力や負担が大きいときほど、その成果や結果を具体的に示すと感謝やいたわりの気持ちが伝わります。

気遣いの基本フレーズ

お疲れ様でした（でございました）

- 昨日は遅くまでお疲れ様でした。
- 山田課長、昨日はお疲れ様でございました。

　一緒に仕事をした相手に声をかけ合うような場合に多く用いられるのが「お疲れ様」です。共に仕事をした後、部下から上司に「お疲れ様でした」と声をかけるのは問題ありませんが、文末に「ございました」を用いると、より丁寧な表現になります。

ありがとうございました

昨日は遅くまでご対応いただき、ありがとうございました。

「お疲れ様でした」に代わる言葉として、感謝の気持ちを伝える「ありがとうございました」を使うのも好ましいです。

II ……ビジネスメールの文例とフレーズ

おかげで

すぐにご対応くださった<u>おかげで</u>、提出期限に間に合いました。

　相手に何か手助けしてもらった場合、感謝の言葉とともに結果や成果を伝えると良いでしょう。

大変でしたね

昨日は遅くまで<u>大変でしたね</u>。

　同僚や後輩をねぎらうときには「大変でしたね」。奮闘している最中に「大変ですね」と言われるとカチンとくるもの。やり遂げた後にねぎらいの気持ちを伝えましょう。

遠慮なく

お手伝いしますので、<u>遠慮なく</u>言ってください。

　相手に手をさしのべ、全面的に応援・協力する姿勢を伝える言葉です。

その他の気遣いのフレーズ

ご足労

● <u>ご足労</u>をおかけして恐縮です。
● 遠いところ、<u>ご足労</u>をおかけしました。

★ 基本

1 感謝

2 気遣い

3 おわび

4 依頼

5 打診

6 確認

7 質問

8 返答

9 承諾

10 拒否・辞退

11 禁止・否定

12 可能・肯定

13 反論

14 かわす・回避

15 助言・指摘

16 提案

17 称賛

47

「足労」とは、足をわずらわせること。相手にこちらへ来てもらう労力をかけることを恐縮して使うフレーズが「ご足労」です。

お手数ですが（ではございますが）

お手数ですが、至急ご返送いただけますか。

　自分からの依頼が相手の手をわずらわせたり、手間をかけるような場合に、添えましょう。「お忙しいところ」とセットにして「お忙しいところお手数ですが」も定番のフレーズです。

お手間をかけますが

お手間をかけますが、ご返送をお願いします。

「お手数ですが」の他に、相手への気遣いを示すフレーズ。

お手をわずらわせて恐縮ですが

お手をわずらわせて恐縮ですが、至急ご返送いただけますか。

「お手数ではございますが」同様、相手に手間をかけることを気遣うときのより丁寧なフレーズ。

Ⅱ‥‥‥‥ビジネスメールの文例とフレーズ

お気になさらないでください

OK▶ どうぞ、お気になさらないでください。
NG▶ どうぞ、気にされないでください。

「気にする」の「する」の敬語は「なさる」です。目上の相手には「お気になさらないでください」が適切な表現です。

お気遣いなく

ついでにお持ちしたまでなので、お気遣いなく。

「お気遣いなさらないでください」よりもややくだけたフレーズ。「お気にならさらず」と言いかえることもできます。

ご無用

特に問題がなければ、返信のお気遣いはご無用です。

「メールの返信は不要ですよ」という意を伝える丁寧な表現です。

拝察

さぞ、ご心労のことと拝察します。

相手の状況や心境を察する、推測することを示すフレーズ。

★ 基本

1 感謝

2 気遣い

3 おわび

4 依頼

5 打診

6 確認

7 質問

8 返答

9 承諾

10 拒否・辞退

11 禁止・否定

12 可能・肯定

13 反論

14 かわす・回避

15 助言・指摘

16 提案

17 称賛

49

気遣いの NG フレーズ

✕ ご苦労様でした

NG▶ 小川課長、昨日は遅くまでご苦労様でした。
OK▶ 小川課長、昨日はありがとうございました。

「ご苦労様」は自分のために何か仕事をしてくれた人に対するねぎらいの言葉。ねぎらいの言葉は上位者から下位者に向けてかけるものであるため、部下が上司に対して「ご苦労様でした」と言うのは失礼にあたります。

✕ わざわざ

NG▶ わざわざ来てもらわなくていい（結構）です。
OK▶ ご足労いただくには及びません。

「わざわざ～してもらわなくていい（結構）」という表現は、「かえって迷惑だから」というニュアンスにもとれるので、「～いただくには及びません」と婉曲に言いかえましょう。

3 おわびの文例とフレーズ

メールでおわびする際の文章の基本の流れは「おわび」⇒「報告」⇒「安心」です。できるだけ速やかに、言葉を尽くし、誠実な対応を心がけましょう。

トラブルのおわび（複数人への送信）

> **件名：△△サービストラブルのおわび**
>
> △△サービスをご利用のお客様
>
> 日頃より、△△サービスをご利用いただき
> ありがとうございます。
>
> X月1日からX月2日にかけて、
> サービスの一部が正常にご利用いただけない状況が発生し、
> お客様には大変ご不便をおかけしました。　　　POINT①
> 誠に申し訳ございません。
>
> 原因を調査いたしましたところ　　　　　　　POINT②
> 弊社の○○システムに障害があり、
> 不具合が発生したことが判明いたしました。
>
> すでにX月2日には不具合箇所の解消を完了させ、POINT③
> 正常に稼働しておりますので、ご安心ください。
>
> 同様のトラブルの発生を防ぐため
> 現在、システムの見直しを進めております。
>
> この度は△△サービスご利用にあたり
> 多大なご迷惑をおかけいたしましたこと、
> 心よりおわび申し上げます。
>
> 今後も弊社への変わらぬご愛顧を賜りますよう
> お願い申し上げます。

★ 基本
1 感謝
2 気遣い
3 おわび
4 依頼
5 打診
6 確認
7 質問
8 返答
9 承諾
10 拒否・辞退
11 禁止・否定
12 可能・肯定
13 反論
14 かわす・回避
15 指摘・助言
16 提案
17 称賛

51

POINT ① **おわび**：予期せぬ事故や不具合、失敗や間違いが起こったときは、まず「わびる」。メールでは、つい、わびるより先に言い訳を書いてしまいがちですが、何はともあれ、謝罪の気持ちを表すのが先決です。

POINT ② **報告**：次に、その原因や解決のためにとった対策について「報告」します。

POINT ③ **安心**：おわびだけで終わるのではなく、二度と同じミスや誤りをしないためにどのように対処するかを明確にし、相手に「安心」を伝えることが重要。

おわびの基本フレーズ

申し訳ありません（ございません）

（例文）ご要望に沿えず、<u>申し訳ありません（ございません）</u>。

　最も丁寧なおわびの言葉。
「申し分けありません」ではないので注意しましょう。

おわびの言葉は「が」でつなげない

NG ▶ 申し訳ありませんが、納品が遅れます。
OK ▶ 申し訳ありません。○○のトラブルのため、納品が遅れます。

「が」でつなげてしまうと形式的でその場しのぎの印象を与え、心からわびている感じがしません。

Ⅱ……ビジネスメールの文例とフレーズ

申し訳ないことをしました

○○さんには本当に<u>申し訳ないことをしました</u>。

「申し訳ありません」「申し訳ございません」に代わるおわびの気持ちを伝えるフレーズ。

「申し訳ありません」をくり返さない！

ご要望にそえず<u>申し訳ございません</u>。
私の力不足で十分な対応ができず、
NG▶ このような結果になり、✕ <u>申し訳ありませんでした</u>。
　　　　　　　　　　　　　　○ <u>深くおわびいたします</u>。

　おわびのフレーズが続く場合は「申し訳ありません」をくり返し使うより、「深くおわびいたします」を使いましょう。その他の言いまわしとして、「大変失礼いたしました」「ご迷惑をおかけしました」「おわびいたします」などがあります。

「申し訳ありません」の前にワンフレーズ

「～できず、申し訳ありません」「～して、申し訳ありません」とおわびのフレーズの前にワンフレーズ添えると文章がスムーズに流れます。

相手の意にそえなかった場合

私の力不足で、<u>お役に立てず申し訳ございません</u>。

★ 基本
1 感謝
2 気遣い
3 おわび
4 依頼
5 打診
6 確認
7 質問
8 返答
9 承諾
10 拒否・辞退
11 禁止・否定
12 可能・肯定
13 反論
14 かわす・回避
15 指摘・助言
16 提案
17 称賛

対応が遅れた場合

> 大変お待たせして申し訳ありません。
> 別件で手間取り、ご連絡が遅くなってしまいました。

相手の名前を文中に入れる！

> 山本さんには本当に申し訳ないことをしました。

　主語として文中に相手の名前を明示すると、メールでも語りかけるような効果があり、距離感がぐっと縮まります。対話でこの手法を使う人も多いですが、メールでも、相手の名前を文中に入れることで気持ちに訴える文面になります。

その他のおわびのフレーズ

おわびいたします

> 不適切な表現があり、深くおわびいたします。

「申し訳ありません」に代わる謝罪の気持ちを伝えるフレーズ。その他に「心からおわび申し上げます」「おわびの言葉もございません」「おわびの申し上げようもございません」などがあります。

お許しください

> 唐突にメールでお尋ねする失礼をお許しください。

「お許しください」は相手に対して事前に了承を得ず行うことを申し訳なく思う気持ちを表すフレーズです。

II ……ビジネスメールの文例とフレーズ

ご迷惑をおかけしました

こちらの対応が不十分でご迷惑をおかけしました。

相手にかけてしまった負担や労力をわびるフレーズ。

お恥ずかしい限りです

初歩的な間違いをしてしまい、お恥ずかしい限りです。

「お恥ずかしい限りです」は、自分の不備や非力、いたらなさを恥じることで、相手にかけた迷惑をわびるフレーズです。

失礼いたしました

OK▶ 先ほどは連絡が行き違いになり、失礼いたしました。
NG▶ さっきはどうも。

ちょっとした間違いをわびるときのフレーズ。「どうも」はどうにでもとれる便利な言葉ですが、おわびする内容がはっきりわからないので表現としては不適切です。

恐れ入ります

恐れ入りますが、資料をお送りいただけますか。

相手に手間をかけさせることを恐縮する気持ちが込められたフレーズが「恐れ入ります」。「お手数をおかけして申し訳ありません」というフレーズと同じ意味を表します。

★ 基本
1 感謝
2 気遣い
3 おわび
4 依頼
5 打診
6 確認
7 質問
8 返答
9 承諾
10 拒否・辞退
11 禁止・否定
12 可能・肯定
13 反論
14 かわす・回避
15 指摘・助言
16 提案
17 称賛

55

おわびのフレーズにプラス

➕せっかく

せっかくお誘いいただいたのに、時間がとれず申し訳ありません。

　おわびのフレーズにひと言「せっかく」を添えることで、相手の行為や配慮に応えることができないことを残念に思う気持ちが伝わります。

➕残念ながら

残念ながら都合でご一緒できず、申し訳ありません。

　相手の意に沿えない残念な気持ちを伝えるひと言。おわびのフレーズの前に枕詞として添えると効果的です。

➕あいにく

ご指定の商品はあいにく在庫切れとなっております。大変申し訳ございません。

　断りや言いにくいことを伝えるときに添えると表現が和らぎます。

謝る理由を伝えるフレーズ

失念

ご連絡先を失念しており、申し訳ありませんでした。

II······ビジネスメールの文例とフレーズ

失念は「覚えていたはずのことを思い出せない」ことを意味します。「忘れていて」よりも丁寧な印象を与えるフレーズです。

〜しそびれて

○○の用件をお伝え<u>しそびれて</u>、申し訳ありません。

その行為をする機会、きっかけを失い、できなかったことを伝えるフレーズ。「忘れて」や「うっかりしていて」と書くよりもスマートです。

おわびのNGフレーズ

✕すみません

NG▶ 納期が遅れて、<u>どうもすみませんでした</u>。

OK▶ 納期が遅れ、<u>大変申し訳ございませんでした</u>。

メールでも会話でも「すみません」と言っておけば、ひとまずその場は丸くおさまる気がしますが、相手におわびしたいという真意を伝えるには不十分です。

謝罪のときは「します」と言い切る

NG▶ このような失敗をくり返さないよう、
細心の ✕注意を払いたいと思います。
　　　　○注意を払ってまいります。

謝って終わりではなく、同じ過ちをくり返さない意志を相手に伝えることが重要です。

★ 基本
1 感謝
2 気遣い
3 おわび
4 依頼
5 打診
6 確認
7 質問
8 返答
9 承諾
10 拒否・辞退
11 禁止・否定
12 可能・肯定
13 反論
14 かわす・回避
15 指摘・助言
16 提案
17 称賛

57

ポイントは「〜したいと思います」とあいまいに表現せず、「〜します」と言い切ること。実行する強い意志を伝える表現にすることが肝要です。

✕うっかり忘れて

NG▶ メールの確認をうっかり忘れていました。

OK▶ ●メールを確認しそびれていました。

　　　●メールの確認を失念しておりました。

　「うっかり忘れて」とそのままメールに書くと、相手を軽んじている印象を与えかねません。「確認しそびれて」や「失念」に言いかえることをお勧めします。

4 依頼の文例とフレーズ

依頼を通しやすくするには「お願いする」姿勢が大切。自分の都合より相手の都合を優先させ、言葉を選んで丁寧な対応を心がけましょう。

日程変更の依頼

件名：X月X日の打ち合わせ日程変更のお願い

○○株式会社
佐藤様

いつもお世話になっております。
メルイチ商事の鈴木です。

X月X日（火）10時の　　　　　　　　　　　POINT①
△△プロジェクトの打ち合わせについて
日程変更をお願いしたくご連絡いたしました。
大変恐縮ですがX月XX日（金）に
変更いただけますでしょうか。

□□のため、勝手ながら　　　　　　　　　　POINT②
日程変更をお願いする次第です。

事前にご調整をしていただいておきながら
急な変更をお願いする失礼をお許しください。

もし、XX日に変更が難しいようでしたら、　　POINT③
佐藤様のご都合の良い日程を
ご指定いただければと存じます。

ご検討のほど、どうぞよろしくお願いいたします。

★ 基本

1 感謝

2 気遣い

3 おわび

4 依頼

5 打診

6 確認

7 質問

8 返答

9 承諾

10 拒否・辞退

11 禁止・否定

12 可能・肯定

13 反論

14 かわす・回避

15 指摘・助言

16 提案

17 称賛

POINT① いつからいつへの変更かを記す。

POINT② 変更の理由（簡潔に）。

POINT③ 相手の都合を打診

　日程の変更を依頼する場合は、以上の３点を押さえます。

　依頼のメールでは、「変更してください」という表現より「変更は可能でしょうか」と問いかける形にすると、印象が和らぎます。「〜してください」という表現は、書き言葉にすると命令調できつく感じられるので使い方に注意を。「〜していただけますか」「〜をお願いできますか」なども有効なフレーズ。

依頼の基本フレーズ

〜をお願いします（できますか）

- ●この書類は、期日までに必ず提出を<u>お願いします</u>。
- ●本日中にご確認を<u>お願いできますか</u>。

「〜ください」という表現は書き言葉にすると命令調で、きつく感じられるので、「〜をお願いします」と依頼型の表現に書きかえます。

〜いただけますか

- ● お手数ですが、資料をお送り<u>いただけますか</u>。
- ● 今後の打ち合わせは短時間で済むように、<u>お取り計らいいただけますか</u>。

60

Ⅱ……ビジネスメールの文例とフレーズ

「〜ください」に代わるフレーズの１つ。依頼のメールは、あくまでお願いする気持ちで、相手の気持ちをくんだ丁寧な表現を使いましょう。

依頼のメールは相手に問いかける形にする

NG▶ 次はこの仕事を ×していただきます。
○をお願いできますか。
○していただけますか。

相手に問いかけ、いったん行動をゆだねる言いまわしにすると印象が和らぎます。また、相手に「返信しなくては」という気にさせる効果もあります。「お手数ですが」「恐れ入りますが」を前につけ加えると、さらに丁寧な印象が残ります。

〜しましょうか

写真がわかりづらいので、もうひと回り大きくしましょうか。

「しましょうか」は相手とともに考える姿勢を示すフレーズです。「してください」「すべきです」では命令調になるので、「こうしてほしい」という要望や理由を明確に述べ、相手の同意を得る言いまわしにしましょう。

お（ご）〜願います

- 至急、ご確認願います。
- 追加で予約したいのですが、ご配慮願えますか。

★基本

1 感謝

2 気遣い

3 おわび

4 依頼

5 打診

6 確認

7 質問

8 返答

9 承諾

10 拒否・辞退

11 禁止・否定

12 可能・肯定

13 反論

14 かわす・回避

15 指摘・助言

16 提案

17 称賛

61

「〜願います」は、その前にくる語に「お」「ご」をつけてセットで用いることで謙譲の表現となります。どちらかというと、社外に対してよりも社内で使うほうが好ましい表現です。

その他にも、「お伝え願えますか」「ご連絡願います」「ご教授願います」が使えます。

複数の依頼を1回で終わらせるテクニック

> 以上×点の用件について、ご対応のほどよろしくお願いいたします。

1つのメールに複数の依頼を書いて送るときは「お願いします」も頻出することになります。用件を箇条書きにまとめ、文の最後に「以上×点」と用件数を確認し、「ご対応のほどよろしくお願いいたします」と締めくくりましょう。

依頼のフレーズにプラス

➕恐れ入りますが

> 恐れ入りますが、ご協力いただけますか。

何か頼み事をするとき、ひと言添えると感じの良いフレーズ。多用すると慇懃無礼な印象になるので、結びの一句や強調したいポイントで使うと効果的です。

「恐れ入りますが」に代わるフレーズとしては「よろしければ」「できましたら」があります。

Ⅱ……ビジネスメールの文例とフレーズ

➕恐縮ですが

お送りいただいたメールに添付ファイルが見当たりません。
恐縮ですが、再度お送りいただけますか。

相手にお願いしたり、手をわずらわせるようなメールを送るとき、前置きになる言葉。

➕お手数をおかけしますが

お手数をおかけしますが、本日中にご確認をお願いします。

相手に確認を依頼する場合、「お手数をおかけしますが」「お手数ですが」のひと言を添えると、感じ良く相手に伝わります。

お忙しいところお手数ですが、ご回答をお願いいたします。

ちなみに「手数」は、人のためにかける労力や手間のことを意味します。

➕お手をわずらわせますが

● お手をわずらわせますが、期日までにご返却いただけるとありがたいです。
● お手をわずらわせて恐縮ですが、ご返送いただけますか。

場合によっては「お手間をかけますが」「大変お手数ではございますが」に置きかえてもよいでしょう。

★ 基本
1 感謝
2 気遣い
3 おわび
4 依頼
5 打診
6 確認
7 質問
8 返答
9 承諾
10 拒否・辞退
11 禁止・否定
12 可能・肯定
13 反論
14 かわす・回避
15 指摘・助言
16 提案
17 称賛

63

➕勝手ながら

勝手ながら日程の変更をお願いする次第です。

　こちらの都合で変更することを申し訳なく思う際に使うフレーズ。「勝手を申しますが」とも言いかえることができます。

➕ ～する失礼をお許しください

急な変更をお願いする失礼をお許しください。

　急な日程変更など、相手に迷惑や負担をかけることをわびる気持ちを伝えるフレーズ。

➕ ご無理を言いますが（申し上げますが）

ご無理を言いますが、見積りのご検討をお願いします。

　都合で変更や追加が発生するような場面で使うと、相手が要請や依頼を受け入れやすくなるフレーズです。

➕～いただけると幸いです

勝手を申しますが、下記アドレスまたは携帯までご返事をいただけると幸いです。

　命令調より「～いただけると幸いです」のほうが好感が持てます。同様に「～いただけるとうれしいです」「～いただけるとありがたいです」という表現もあります。

Ⅱ……ビジネスメールの文例とフレーズ

➕ご多用のところ

ご多用のところ恐縮ですが、お目通しいただければ幸いです。

「恐縮ですが」「お手数をかけますが」などのフレーズとセットで使うことで、相手への心遣いを伝えます。

➕折り入って

折り入って部長にお願いがございます。

特別なお願いや頼み事があるときに使うフレーズ。

急ぎの依頼の後のフォロー「報・連・相」

　急ぎの依頼に必死で対応した後、相手からぷっつり音沙汰がなくなることがあります。依頼した側は、その後どうなったのか、結果や途中経過の報告も忘れずに伝えましょう。

依頼した内容の結果を伝える例文

報告：おかげさまで納期に間に合いました。
連絡：現在、先方で検討中ですので、結果がわかり次第ご連絡します。
相談：残念ながら今回の企画は採用されませんでした。つきましては…。

★ 基本
1 感謝
2 気遣い
3 おわび
4 依頼
5 打診
6 確認
7 質問
8 返答
9 承諾
10 拒否・辞退
11 禁止・否定
12 可能・肯定
13 反論
14 かわす・回避
15 指摘・助言
16 提案
17 称賛

依頼のNGフレーズ

✕ ～すること　～のこと

NG▶ 期日までに回答の<u>こと</u>。
OK▶ 期日までにご回答を<u>お願いします</u>。

「～すること」「～のこと」と言い切るフレーズは命令調で威圧的です。依頼型の「～をお願いします」に書きかえて、相手に気持ちよく動いてもらえる一文にしましょう。

✕ ＡをＢに替えてください

NG▶ ＡをＢに<u>替えてください</u>。
OK▶ ●ＡをＢに<u>替えていただけますか</u>。
　　　　●ＡからＢに<u>変更をお願いします</u>。

「～してください」をメールで使うと、命令調にとられることもあるので要注意。「～していただけますか」「～をお願いします」のように相手に問いかける言いまわしにします。

✕お手すきのときに

NG▶ <u>お手すきのときに</u>でもご回答ください。
OK▶ <u>今週中に</u>ご回答いただけますでしょうか。

Ⅱ ……ビジネスメールの文例とフレーズ

　期日の指定がないメールは返答するのを忘れたり、見過ごしたりしがちです。「お手すきのとき」以外にも「できるだけ早く」「急いでお願い」「手のあいているときに」なども期日があいまいな表現です。「いつまで」にと期日を明記しましょう。

「なるはや」ではだめ

- 明日の13時からの打ち合わせに必要なので、今日中に準備をお願いします。
- 30日の10時までに先方に送りたいので、29日の夕方には確認したいのですが。

　急ぎの依頼をするときは、「なるべく早く頼む」「早ければ早いほどいい」というあいまいな頼み方ではなく、具体的な期日と急ぐ理由・根拠を示して伝えましょう。

消極的な印象を残す「〜でいい」

NG▶ 山田さんでいいので、急いでお願いします。
OK▶ 急ぎの案件なので、山田さんにお願いしてよろしいですか。

　「〜でいい」は「とりあえず」「誰でもいいから」というニュアンスのフレーズです。助詞を「で」から「に」に替え、相手を特定する言い方にしましょう。依頼される側のモチベーションが上がります。

★ 基本
1 感謝
2 気遣い
3 おわび
4 依頼
5 打診
6 確認
7 質問
8 返答
9 承諾
10 拒否・
　 辞退
11 禁止・
　 否定
12 可能・
　 肯定
13 反論
14 かわす・
　 回避
15 指摘・
　 助言
16 提案
17 称賛

67

急ぎの依頼を受けた際の対応

　依頼する側、受ける側が「急ぎ」の度合いを確認し合い、期日を設定しておくことが大切です。状況ごとの対応を下記に挙げます。

依頼を受けてすぐ

> すぐに対応しますが、いつまでに提出すればよろしいですか。

　依頼を受けた時点ですぐに期日を確認します。

相手の状況や事情が把握できているとき

> ● では、今日中に提出すればよいですか。
> ● 明日の10時には提出できますが、それでよろしいですか。

　状況や事情が把握できているときは、依頼を受ける側がある程度、作業の予測を立ててから期日の確認します。

すでに他の仕事を抱えている場合

> Aの仕事が終わり次第取りかかりますので、
> 提出は午後3時ごろになりますがよろしいですか。

　自分の状況と作業のめどを伝え、段取りを確認します。

5 打診の文例とフレーズ

いきなり決定事項を知らせたり、一方的に自分の都合で物事を進めたりするのではなく、まず、相手の都合や状況を尋ねてから、やりとりを始めると円滑に進みます。

変更の打診

件名：X月X日のミーティング延期のお願い

○○株式会社
佐藤様

いつもお世話になっております。
メルイチ工房の鈴木です。

X 月 X 日（X 曜日）に予定しておりました　　　　POINT①
Web サイト制作のミーティングですが
X 月 XX 日（X 曜日）に延期していただくことは
可能でしょうか。

今回、サイトで紹介する◇◇の加工に時間を要しており、
差し支えなければ少々お時間をいただきたいのです。

時間は当初の予定通り 10 時 30 分で変更ありません。
日にちのみ、ご調整いただければ幸いです。

もし、上記の日程が難しいようでしたら、　　　　POINT②
XX 日以降でご都合の良い日程を
お知らせいただければと存じます。
調整し、改めてご連絡いたします。

大変勝手なお願いで恐縮ですが、　　　　POINT③
ご検討のほど、どうぞよろしくお願い申し上げます。

★ 基本
1 感謝
2 気遣い
3 おわび
4 依頼
5 打診
6 確認
7 質問
8 返答
9 承諾
10 拒否・辞退
11 禁止・否定
12 可能・肯定
13 反論
14 かわす・回避
15 指摘・助言
16 提案
17 称賛

POINT ① こちらの都合による日程変更なので、変更をお願いできないか、まず相手に尋ねるところから始めます。変更を強要するのではなく、あくまで「お願いできませんか」と問いかける姿勢が大切。

POINT ② 自社の都合だけでなく、相手の都合も考慮して調整を図ります。提示した日程以外でも、相手の意向や状況に合わせた調整が可能なことを伝えます。

POINT ③ このメールの段階で決定せず、相手に「検討」をゆだねる結びにします。

打診の基本フレーズ

もし、よろしければ

もし、よろしければご参加いただけるとうれしいです。

　相手の都合や意向を尋ねるときの定番フレーズ。相手に歩み寄る印象を与えます。

差し支えなければ

差し支えなければ、ご連絡先をお知らせいただけますか。

「もし、よろしければ」同様、相手の意向を尋ねるフレーズ。

……ビジネスメールの文例とフレーズ

ご都合はいかがでしょうか

○月○日の午前中までに提出していただきたいのですが、ご都合はいかがでしょうか。

相手の都合を打診するときの定番フレーズ。

ご都合のよろしいときに

山田様のご都合のよろしいときに、一度お電話をいただけますでしょうか。

相手の都合に合わせる旨を伝えるフレーズです。

自分の都合を先に伝えるときは…

勝手を申し上げますが、当方の都合を先にお知らせいたしますと…

　相手に自分の都合を先に知らせておきたい場合は、「勝手を申し上げますが」という断りを入れた上で、こちらの都合の良い候補日を挙げ、先方に選んでもらうという運びにします。

- ★ 基本
- 1 感謝
- 2 気遣い
- 3 おわび
- 4 依頼
- **5 打診**
- 6 確認
- 7 質問
- 8 返答
- 9 承諾
- 10 拒否・辞退
- 11 禁止・否定
- 12 可能・肯定
- 13 反論
- 14 かわす・回避
- 15 指摘・助言
- 16 提案
- 17 称賛

71

～いただくことは可能でしょうか

明日午前中までにお送りいただくことは可能でしょうか。

　相手がこちらの状況や提案を受け入れてくれるかどうか、どのような対応をとるかを打診する際のフレーズ。

いかがいたしましょうか

ただ今、○○は出張しておりますが、いかがいたしましょうか。

「どうされますか」「どうなさいますか」と相手の出方を伺うのではなく、こちらの対処はどのようにすべきかを相手に確認するフレーズ。

いかがですか

○○社対応の件ですが、その後の経過はいかがですか。

「どうですか」では直接的でぶっきらぼうな感じがしますが、「いかがですか」と表現すると丁寧で好印象を与えます。

ご確認をお願いします

OK▶ △△で問題ないか、ご確認をお願いします。
NG▶ △△は違うんじゃないですか。

II ……ビジネスメールの文例とフレーズ

「間違っています」と決めつけて相手を責める前に、まず「ご確認いただけますか」と相手に確認を求めるところから始めると、反感を持たれません。

打診の NG フレーズ

> ### ✕ まだ～していますか
>
> **NG▶** まだ営業担当なんですか。
> **OK▶** ● 営業をご担当されて、どのくらいですか。
> ● 営業担当として長年ご活躍のことと思います。
> **NG▶** まだ広島におられるのですか。
> **OK▶** ● 広島にはいつまでいらっしゃいますか。
> ● 広島へおられるのはいつまでですか。

　変化のない状態をけなしているような印象を与えます。現在の状況はどうなのかを尋ねることで、相手の状況をおしはかることができます。

> ### ✕ どうですか
>
> **NG▶** 商品の売れ行きはどうですか。
> **OK▶** 商品の売れ行きはいかがですか。

「どうですか」でも意味は通じますが、ビジネスメールでは「いかがですか」という表記のほうが感じ良く、言葉としても丁寧です。

★ 基本
1 感謝
2 気遣い
3 おわび
4 依頼
5 打診
6 確認
7 質問
8 返答
9 承諾
10 拒否・辞退
11 禁止・否定
12 可能・肯定
13 反論
14 かわす・回避
15 指摘・助言
16 提案
17 称賛

✕ どうにかなりませんか

NG▶ どうにか変更になりませんか。
OK▶ 変更をお願いすることはできますか。

　相手に無理強いしたり、対応してもらって当然という言葉づかいは反感を買います。相手の都合を考えた言いまわしを心がけましょう。

✕ いいですか

NG▶ 打ち合わせは15日でいいですか。
OK▶ 打ち合わせは15日でよろしいですか。
NG▶ 時間はとりませんので、ちょっといいですか。
OK▶ 10分ほど、お時間をとっていただけますか。

　人に確認や打診をするときは「いいですか」ではなく「よろしいですか」とするほうが丁寧できちんとした印象を与えます。どんなときも、まずは相手の都合を聞くことから始めましょう。

✕ どっちですか

NG▶ AとBならどっちですか。
OK▶ AとBではどちらにいたしましょうか。

　会話調の言葉はメールにそのまま書くとぞんざいな印象を与えます。

Ⅱ ……ビジネスメールの文例とフレーズ

仕事の打診

　初めて仕事を依頼するときも、すぐに依頼するのではなく、まずは引き受けてもらえるかどうかの打診から始めます。

件名：取材のお願い

○○様

はじめまして。
私は月刊「◇◇」編集部の□□と申します。
御社の Web サイトを拝見し、ご連絡しております。

私どもでは、技術者を対象に転職情報を提供する
月刊誌「◇◇」を発行しております。

この度、編集記事で関東の企業取材を行うにあたり、
ぜひ、貴社をご紹介したいと考えているのですが、
○月初旬に取材をお願いすることは可能でしょうか。

取材概要など、詳細については添付の資料に
まとめておりますので、ご覧ください。
取材のご対応について、ぜひ、お力添えいただきますよう
ご検討をお願い申し上げます。

- 自己紹介 ⇒ 仕事内容⇒ 可否の判断という展開にする。
- 「なぜ相手のことを知ったか」という理由を添えると、初めてのメールでも相手の警戒心が解ける。
- 自分の素性を明らかにする（URL があれば表示）。
- 依頼したい仕事の内容に触れ、詳細は資料や URL で知らせる。
- 「ご検討をお願い申し上げます」と、判断を相手にゆだねる。

★ 基本
1 感謝
2 気遣い
3 おわび
4 依頼
5 打診
6 確認
7 質問
8 返答
9 承諾
10 拒否・辞退
11 禁止・否定
12 可能・肯定
13 反論
14 かわす・回避
15 指摘・助言
16 提案
17 称賛

75

6 確認の文例とフレーズ

メールのやりとりで不明な点や不安な点があるときは、すぐに相手に確認を。気づいたらすぐ、確かめておくと誤解や思い違いを未然に防げます。

送付の確認

件名：広報誌用画像の件

○○株式会社
佐藤様
お世話になります。
メルイチ商事の鈴木です。

広報誌用の画像をご送付いただき
恐れ入ります。

これまでお送りいただいた画像について
ご確認をお願いしたいのですが、
下記の3点でよろしいでしょうか。

1）02270.JPG
2）02274.JPG
3）02277.JPG

> もし、まだ送信されていない写真がありましたら　POINT
> 至急、お送りいただけますか。

お手数をかけて恐縮ですが、
ご確認をお願いいたします。

POINT　メールでは「～してください」という表現は命令しているように受けとめられるので、「～いただけますか」と疑問形にすると語調が和らぎます。この場合は「お送りください」ではなく「お送りいただけますか」とします。

確認の基本フレーズ

ご確認をお願いします（いただけますか）

● お手数ですが、ご確認をお願いします。
● 後でご確認いただけるとありがたいです。

「ご確認ください」「確認しておいてください」でも意味は通じますが、メールの場合は依頼型の「ご確認をお願いします」や問いかけ型の「ご確認いただけますか」にすると相手への気遣いが感じられる和らいだ表現になります。

よろしいでしょうか

● いつまでに提出すればよろしいでしょうか。
● 1点、確認したいことがあるのですが、よろしいでしょうか。

　相手に確認する際の定番フレーズ。「よろしかったでしょうか」と過去形にするのは適切ではありません。「よろしいでしょうか」や「よろしいですか」を使います。

★ 基本
1 感謝
2 気遣い
3 おわび
4 依頼
5 打診
6 確認
7 質問
8 返答
9 承諾
10 拒否・辞退
11 禁止・否定
12 可能・肯定
13 反論
14 かわす・回避
15 指摘・助言
16 提案
17 称賛

ご（お）～いただけますか

再度、ご送付いただけますか。

　上司など、目上の人に確認をお願いするときに使うフレーズ。

　その他、目上の人に確認してもらう際に使うフレーズを下記に挙げます。

- お目通しいただけますか。
- ご了承いただけますか。
- ご参加いただけますか。
- ご一読いただけますか。
- ご返信いただけますか。

すでにご存じとは（かと）思いますが

すでにご存じとは思いますが、念のためご確認する次第です。

　改めて確認をしたり、念を押す際に使うフレーズ。

ご査収ください

本日、領収書を郵送いたしましたのでご査収ください。

　査収とは、金銭・物品・書類などをよく調べて受け取ること。十分にご確認をお願いします、という意味合いがあります。書類や文書を送付する際の定番フレーズです。

Ⅱ ……ビジネスメールの文例とフレーズ

お聞きおよび

- すでにお聞きおよびとは思いますが、プロジェクトの担当が代わります。
- プロジェクトの担当が代わることについて、お聞きおよびでしょうか。

「すでにご存じとは思いますが」と同じ意味を持つフレーズ。知っているとは思うが、念のために相手に確認しておきたいときに使います。「お聞きおよびでしょうか」は「お聞きになっていらっしゃいますか」とも言いかえられます。

～という理解でよろしいですか

お２人とも別々にご参加、という理解でよろしいですか。

相手に確認をしたり、念を押すとき使うフレーズ。相手のメールの内容がどちらにもとれるような場合に使います。

より丁寧な言い方としては「～と理解しておりますが、問題はございませんか？」という表現もあります。

～ということですね

先ほどのご報告どおりということですね。

不明な点やあいまいな点を確認する際のフレーズ。

★ 基本

1 感謝

2 気遣い

3 おわび

4 依頼

5 打診

6 確認

7 質問

8 返答

9 承諾

10 拒否・辞退

11 禁止・否定

12 可能・肯定

13 反論

14 かわす・回避

15 指摘・助言

16 提案

17 称賛

79

確認のフレーズにプラス

➕すぐ（に）

担当の者に<u>すぐに</u>確認し、ご返答いたします。

　相手を待たせるような場合、「すぐに」対処する態度を示す一文を添えると誠意が伝わります。

意向を確認するフレーズ

お申しつけください

気になる点がございましたら、
担当スタッフまで<u>お申しつけください</u>。

　相手の意向を確認する際のフレーズ。相手の要望、希望に応える状態・姿勢であることを示します。

相手に選ばせるフレーズ

どちらになさいますか

Aの場合は○○、Bの場合は△△ですが、<u>どちらになさいますか</u>。

　想定される状況を挙げ、相手がどちらかを選ぶだけでよいように尋ねるフレーズ。
　質問やポイントをあらかじめまとめて提示すると、メールのやり取りが何往復もせずに済みます。
　どちらを選ぶか尋ねるフレーズは以下のとおりです。

● どちらにされますか。
● どのようにいたしましょうか。

Ⅱ ……ビジネスメールの文例とフレーズ

確認の NG フレーズ

✕ もらえますか

NG▶ 確認して<u>もらえますか</u>。
OK▶ ● ご確認<u>いただけますか</u>。
　　　 ● ご確認を<u>お願いいたします</u>。

「〜もらえる」「〜してもらう」は使いやすい言葉ですが、丁寧な表現に書きかえるとよりきちんとした印象になります。

✕ うそですか

NG▶ 今日、掲載されるというのは<u>うそですか</u>。
OK▶ ● 今日、掲載される<u>のではないですか</u>。
　　　 ● 今日、掲載される<u>か確認したいのですが</u>。
　　　 ● 今日、掲載されると<u>お聞きしていますが、間違いはないですか</u>。

勘違いや取り違いのミスは誰にでもあります。「〜ではないですか」と謙虚に尋ねる姿勢がポイントです。

✕ よろしかったですか（でしょうか）

NG▶ 発送方法は郵送で<u>よろしかったでしょうか</u>。
OK▶ 発送方法は郵送で<u>よろしいですか</u>。

過去の行為を確認する際に使うフレーズです。何もしないうちから「〜でよろしかったでしょうか」と問われるのは、無理やり念押しされている印象を受けます。

★ 基本
1 感謝
2 気遣い
3 おわび
4 依頼
5 打診
6 確認
7 質問
8 返答
9 承諾
10 拒否・辞退
11 禁止・否定
12 可能・肯定
13 反論
14 かわす・回避
15 指摘・助言
16 提案
17 称賛

81

7 質問の文例とフレーズ

疑問や不明な点を丸投げするのではなく、下調べをして、何がどのようにわからないかを明確にすることが重要。相手が返答しやすい尋ね方をすると歓迎されます。

意見を求める

件名：新人教育カリキュラムの項目追加について POINT①

○○コンサルティング
佐藤様

お世話になります。
メルイチ株式会社の鈴木です。

この度の当社「人材育成プラン」について POINT②
ご意見をうかがいたくご連絡いたしました。

新人教育カリキュラムの内容で
△△の項目を新規に追加し、
全10項目としたいのですが、どのように思われますか。

項目を増やすことで
◇◇という問題は発生しますが
来年度以降の展開を考えると
カリキュラムを充実させておくほうが得策と考えます。

今後の展開も含め
佐藤様のご意見をお聞かせください。

よろしくお願いいたします。

II ……ビジネスメールの文例とフレーズ

POINT ① 質問したり、意見を求めたりする場合は、件名に「何を尋ねたいのか」を記述。「お尋ねします」「教えてください」のような抽象的な件名は迷惑メールと間違われやすいので、使用を避けましょう。

POINT ② まず、何についての質問や問い合わせなのかを明示。次に「何について、どのようなことが知りたいのか」を具体的に提示します。

質問の基本フレーズ

どのように思われますか

山本さんは○○について<u>どのように思われますか</u>。

　相手に質問をするときの定番フレーズ。「どのようにお考えですか」としてもよいでしょう。

お聞かせください

山本さんの感想を<u>お聞かせください</u>。

「お聞かせください」の前に、「感想を」「考えを」「意見を」など、相手から何を聞き出したいかを添えます。

回答しやすい質問を！
「○○について教えてください」というのは普通の質問。

★ 基本
1 感謝
2 気遣い
3 おわび
4 依頼
5 打診
6 確認
7 質問
8 返答
9 承諾
10 拒否・辞退
11 禁止・否定
12 可能・肯定
13 反論
14 かわす・回避
15 指摘・助言
16 提案
17 称賛

83

もう一歩進めて、例えば「○○について△△まではできたのですが、××からの方法がわかりません」「ＡとＢのうち、どちらの方法が適切か教えてください」と具体的に尋ねれば、適切な方法やそれ以外の方法を教えてもらうことができます。

　単に尋ねるだけでなく的確に状況を伝え、「どこまでできたか」「どこがどうわからないか」を書けば、質問者がどのレベルまで理解しているのか相手も把握でき、回答しやすいです。

メールで質問上手になるコツ

　相手に負担をかける聞き方はNG。相手の手をわずらわせず、答えやすい状況を想定しながら質問することが肝心です。メールで上手に質問する５つのポイントを下記に挙げます。

- 何度も質問しないようまとめて聞く。
- 箇条書きなど、わかりやすく質問をまとめる。
- 人に聞く前にまずは自分で調べる。
- 質問は具体的に。
- 「お忙しいところすみません」「お手数をおかけしますが」のひと言、感謝の言葉、結果報告を忘れない。

大変失礼ですが

大変失礼ですが、何とお読みするのでしょうか。

　相手の名前や社名が難しくて読めないときは、「大変失礼ですが」と前置きして尋ねると失礼になりません。

II……ビジネスメールの文例とフレーズ

いかほど

この新商品の価格は<u>いかほど</u>ですか。

　値段を尋ねるときのフレーズ。「おいくらですか」を婉曲にした言いまわしです。値段以外に物事の程度・分量を問うときにも使います。

どちらにいたしましょうか

ＡとＢの<u>どちらにいたしましょうか</u>。

　相手に選択を促すフレーズ。ビジネスメールでは「どっちですか」より「どちらにいたしましょうか」のほうが丁寧で品があります。

質問する際の配慮のあるひと言

- ●<u>お手間をかけますが</u>、ご返答をお願いできますか。
- ●<u>お忙しいところお手数ですが</u>、ご回答をお願いいたします。
- ●<u>お手をわずらわせて恐縮ですが</u>、
　ご教示いただければ幸いです。

　適切な回答をしようと思えば、回答する側も時間と労力を費やします。質問する相手の時間を奪うことになることを意識して、心遣いのひと言を添えたいですね。

★ 基本
1 感謝
2 気遣い
3 おわび
4 依頼
5 打診
6 確認
7 質問
8 返答
9 承諾
10 拒否・
　辞退
11 禁止・
　否定
12 可能・
　肯定
13 反論
14 かわす・
　回避
15 指摘・
　助言
16 提案
17 称賛

85

質問後の報告も忘れずに！

- おかげさまで不明な点がわかりました。
- ○○さんに教えていただいた方法で試してみたところ、
  解決しました。
- 残念ながら解決には至らなかったのですが、
  ○○さんのアドバイスはとても勉強になりました。

　質問は聞きっぱなしにせず、お礼とともに結果報告をする心遣いも忘れずに。

質問を促すフレーズ

質問がございましたら、ご連絡ください

質問がございましたら、当方までご連絡ください。

質問の問い合わせ先も明記しておくと親切です。

お尋ねください

不明な点は何なりとお尋ねください。

質問に応じる姿勢を示すフレーズ。

お知らせください

不明な点がありましたら、遠慮なくお知らせください。

「お尋ねください」に代わり、質問に応じるフレーズ。

Ⅱ……ビジネスメールの文例とフレーズ

回答への返信フレーズ

ご回答（いただき）ありがとうございます

○○についての質問に、早速ご回答をいただき、ありがとうございます。

聞くのはタダですが、回答するには、質問と同じか、それ以上の労力と時間が費やされています。回答に対する返信の冒頭には、感謝のひと言をお忘れなく。

質問者の NG フレーズ

✕ ご質問です

NG▶ ○○についてご質問します。
OK▶ ○○について質問します。
NG▶ ○○についてご質問があります。
OK▶ ○○について質問があります（ございます）。

「ご」にも尊敬語と謙譲語があります。立てるべき相手の行為につく「ご」は尊敬語（例「ご確認をお願いします」）。立てるべき相手への行為につく「ご」は謙譲語です（例「ご説明いたします」）。

質問という行為は相手を立てる種類のものではないので「ご」は不要です。

一方、相手からの質問には「ご質問にお答えします」と、相手を立てる尊敬語の「ご」をつけます。

★ 基本
1 感謝
2 気遣い
3 おわび
4 依頼
5 打診
6 確認
7 質問
8 返答
9 承諾
10 拒否・辞退
11 禁止・否定
12 可能・肯定
13 反論
14 かわす・回避
15 指摘・助言
16 提案
17 称賛

87

質問の仕方で差をつける

> **NG▶** 参加者が少ないのですが、<u>どうしたらいいですか</u>。
> **OK▶** 参加者が少ないのは、広報不足が原因と思います。
> そこで、プレスリリースを強化したいと考えている
> <u>のですが（このやり方で）よろしいですか</u>。

「どうしたらいいですか」ではなく「こうしたいのですが」と自分の考えを述べ、「このやりかたでよろしいですか」と確認します。「全部教えて」と相手に質問を丸投げするのではなく、自分で考え、そのプランを提示して、判断を仰ぐ質問の仕方にしましょう。

漠然とした件名は避ける

> **NG▶** 助けてください。
> **OK▶** <u>くり返しエラー表示が出て困っています</u>。
> **NG▶** どうしたらいいですか。
> **OK▶** ○○の設定の<u>仕方を教えてください</u>。

　メールのおおよその内容の察しがつくような件名を工夫しましょう。特に、質問の件名は、何について聞きたいかを書いておくと、相手の目にとまる確率が高まります。

✕教えてくれませんか

> **NG▶** わからないので、<u>教えてくれませんか</u>。
> **OK▶** ○○について、<u>ご教示願えますでしょうか</u>。

　質問する側の態度は言葉に表れます。最低限の礼儀をわきまえましょう。「お教えいただけますでしょうか」と言いかえることもできます。

Ⅱ……ビジネスメールの文例とフレーズ

✗ ないです

NG▶ 質問は特にないです。

OK▶ ● 質問は特にありません。

● 質問は特にございません。

　そこにない、存在しない状態を丁寧に表現すると「ありません」になります。もっと丁寧に表現すると「ございません」ですが、使いすぎると慇懃無礼な印象になるので注意が必要。

上司に「ゴルフはできますか」と聞くのはNG

NG▶ 部長は中国語も話せるのですか。

OK▶ 部長は中国語もお話しになるのですか。

NG▶ 課長はゴルフはおできになりますか。

OK▶ 課長はゴルフをなさいますか。

NG▶ ● おわかりになりましたか。

● おわかりですか。

● わかられましたか。

OK▶ 説明不足の点はございませんか。

　自分より目上の相手の能力を測るような尋ね方は失礼に当たります。「事実を尋ねる」聞き方をすると相手の気分を害すこともありません。

✗ 参考になりました

NG▶ ○○についてご回答いただき、大変参考になりました。

OK▶ ○○についてご回答いただき、大変勉強になりました。

★ 基本

1 感謝

2 気遣い

3 おわび

4 依頼

5 打診

6 確認

7 質問

8 返答

9 承諾

10 拒否・辞退

11 禁止・否定

12 可能・肯定

13 反論

14 かわす・回避

15 指摘・助言

16 提案

17 称賛

89

質問に対して、時間と労力をかけて回答した相手にとって
は「自分の話は参考程度にしかならないのか」と感じる人も
います。

回答者の NG フレーズ

✕ 知らないのですか

NG▶ そんなことも知らないのですか。
OK▶ ○○についてご存じですか。
NG▶ このくらい知っていて当然でしょう。
OK▶ ○○についてはどこまでご存じですか。

相手が知らないことをさげすむ言いまわしは不適切です。

✕ 知らないだろうけど

NG▶ どうせ、知らない（わからない）と思うけど
OK▶ ○○を知っていますか。
NG▶ ご存じないでしょうが…
OK▶ ○○についてはご存じかもしれませんが…

　相手が知らないかもしれない、という前提でメールを書く
ときも、否定的な表現は使わず、問いかける文章にすると文
章が和らぎます。決めつけずに、まずは問うことです。

Ⅱ……ビジネスメールの文例とフレーズ

✕ そうじゃなくて

NG▶ いや、そうじゃなくて…

OK▶ ● 確かに、そのような見方もありますね。
● 他にも、このような考えがあります。

NG▶ それは違います。

OK▶ なるほど、おっしゃる通りです。
ただ、こういう見方もあるのではないでしょうか。

★ 基本
1 感謝
2 気遣い
3 おわび
4 依頼
5 打診
6 確認
7 質問
8 返答
9 承諾
10 拒否・辞退
11 禁止・否定
12 可能・肯定
13 反論
14 かわす・回避
15 指摘・助言
16 提案
17 称賛

　頭から否定してかかる前にひと呼吸。いったん、相手の意見や見解を受け入れてから、自分の意見を述べるようにすると話が次に進んでいきます。「そうですね。ただ、この場合…」という切り返し方を覚えておきましょう。

コラム　　**質疑応答の際は全文引用で**

どういう経過で解決したか、履歴がひと目でわかる

　メールで質問する場合、送られてきたメールの本文はそのまま全文引用して続けていくほうがよいでしょう。
　やりとりが続くほど、メールサイズが大きくなるのが難ですが、どういう過程で質疑応答がなされたか、履歴がひと目でわかるので重宝します。
　「あのときのメール、どこだっけ？」と過去のメールを探し出すのは手間なもの。履歴を残しておけば、後々、書いた、書かないのトラブルを防ぐこともできます。
　毎日多くのメールのやりとりを要する人、質問に限らず、問い合わせやメールで打ち合わせをする場合も、全文引用して履歴を残すのが得策です。

91

8 返答の文例とフレーズ

質問や問い合わせの返答は、数値や順序を明らかに。即答できない場合でも、いつまでなら返答できるかを伝えることが大切です。

問い合わせに対する返答

件名：「△△」取引条件について

メルイチ商事
鈴木様

お世話になります。
○○株式会社の佐藤です。

この度は弊社の「△△」について
お問い合わせをいただき
誠にありがとうございます。

早速ですが、お取引条件について、
下記の通りご連絡いたします。

1) 1台あたりの単価　　　XX 円　　　　POINT
2) 年間の保守費用　　　XX 円
3) 代金支払い条件　　　毎月 25 日締め切り
　　　　　　　　　　　　翌月 10 日決算です。
4) 納入日　　　　　　　X 月 X 日

以上、ご検討のほど、よろしくお願いいたします。

ご用命を心よりお待ち申し上げております。

POINT 取引条件や契約に関する回答は、相手の知りたい条件について過不足なく答えるとともに、条件が合えば、ぜひ取引したいという姿勢を示します。

返答の基本フレーズ

ご連絡いたします

後ほど当方から○○様へご連絡いたします。

さらに丁寧に表現すると「ご連絡申し上げます」です。「連絡させていただきます」は敬語としては不適切です（96ページ参照）。

ご返答いたします

- お問い合わせの件についてご返答いたします。
- 明日までに必ずご返答いたしますので、今しばらくお待ちください。

返信する際の定番フレーズ。後で返信する際にも使います。

社外に対しての、上司の呼び名

NG▶ 山本部長に確認いたしまして、ご返答いたします。
OK▶ 部長の山本に確認し、ご返答いたします。
OK▶ 山本に確認し、ご返答いたします。

社内では、上司に対して敬称にあたる役職名で呼び（書き）ますが、社外に対しては会社の一員という認識で役職と切り離して表します。

Ⅱ……ビジネスメールの文例とフレーズ

★基本
1 感謝
2 気遣い
3 おわび
4 依頼
5 打診
6 確認
7 質問
8 返答
9 承諾
10 拒否・辞退
11 禁止・否定
12 可能・肯定
13 反論
14 かわす・回避
15 指摘・助言
16 提案
17 称賛

93

ご説明申し上げます

OK▶ では、順を追ってご説明申し上げます。
NG▶ では、順を追ってお教えします。

　相手から教わる場合は、相手を立て（高め）る謙譲の「お教えいただく」ですが、相手に「教える」場合は動詞そのものを「説明」「案内」などに言いかえるほうが表現として適切です。

コラム　　自分の動作に「お」や「ご」をつける場合

自分の動作が向かう先の相手を立てる行為であればつける

OK ▶ では、お待ちしています。
OK ▶ 私がご案内します。
　自分自身の行為に「お」や「ご」をつけると、自分で自分を敬う表現になり変ですが、自分の動作が向かう先の相手を立てる行為であれば、「お」「ご」をつけても問題ありません。
NG ▶ 私のお言葉
NG ▶ 今日はご在宅ではないです。
　上記の例文は、自分自身の行為に「お」「ご」をつけ、自分のものや動作を立てているので、敬語として不適切です。

返信が遅れるときのフレーズ

お待ちいただけますか

回答は少しお待ちいただけますか。

94

Ⅱ……ビジネスメールの文例とフレーズ

　都合で返信が遅れる、そんなときは、ひとまず遅れる旨を先に伝えておきます。

改めてご返事いたします

ただ今、立て込んでおりますので、
明日、改めてご返事いたします。

　確認に時間を要したり、調べる必要がある場合は、返信が遅れる理由を述べ、いつまでに対処するかを知らせます。

～までにご回答（返事）します

即答できず恐縮ですが、今週末までにはご回答します。

　急いで生半可な対応をしたり、よく確認もせず適当に返信したりするより、「いつまでには」と日程を知らせておくと相手もめどが立ち、両者の行き違いも防げます。

多少時間を要する

迅速な対応を心がけておりますが、ご連絡までに多少時間を要する場合がございます。
恐れ入りますが、その旨ご理解いただければ幸いです。

「連絡が遅れるかもしれない」という意味合いを伝えるとき、「遅れます」より「時間を要する」というフレーズがスマートです。

★ 基本
1 感謝
2 気遣い
3 おわび
4 依頼
5 打診
6 確認
7 質問
8 返答
9 承諾
10 拒否・辞退
11 禁止・否定
12 可能・肯定
13 反論
14 かわす・回避
15 指摘・助言
16 提案
17 称賛

95

ネガティブなメールへの返信

- ご意見（指摘）ありがとうございます。
- そのような捉え方もあるのですね。参考になりました。

　悪意のある内容のメールにまともに受け答えしていると、相手を増長させるだけです。さらっとかわして深入りしないことです。

返信が必要ないときのフレーズ

ご返信は無用です

- 特に問題がなければ、ご返信は無用です。
- 何か問題がありましたら、ご連絡ください。

　相手とのやり取りで「これ以上質問や問題がなければ、返信する必要はありませんよ」という意味合いを伝えるフレーズ。応用として、問題があれば連絡してください、という言いかえもできます。

返答の NG フレーズ

✕ 返答させていただきます

NG▶ 部長の山本に確認して、返答させていただきます。
OK▶ 部長の山本に確認して、ご返答いたします。

「させていただく」は、
- 相手の許可を受けて行う。
- 相手から恩恵を受ける。

96

という２つの条件を満たしている場合に使う表現です。この場合、相手に許可を得て返答したり、返答することで相手から恩恵を受けるわけでもないため、「返答させていただきます」より「ご返答いたします」が適切です。

「させていただく」に要注意！

> NG▶ 後ほど、読ま<u>させていただきます。</u>
> OK▶ 後ほど、読ま<u>せていただきます。</u>

「させていただく」は、とりあえずへりくだった表現という思い込みから誤って使いがちな言葉です。
「させていただく」を分解すると、

使役の助動詞「させる」＋ 謙譲語の「いただく」

この場合の「させる」は、誰かに何かをさせることを表しており、「いただく」とセットで相手に許可を得るようなときに使われます。

しかし、「読む」行為自体は、相手に許可を得てするものではないので、「読まさせて」ではなく「読ませて」で意味は通じます。相手に敬意を払う表現を意識するあまり、不要な「さ」が入ってしまったのが「読まさせていただきます」です。

その他の例では
NG ▶やらさせていただきます。
OK ▶させていただきます。
NG ▶休まさせていただきます。
OK ▶休ませていただきます。
NG ▶送らさせていただきます。
OK ▶送らせていただきます。

★基本
1 感謝
2 気遣い
3 おわび
4 依頼
5 打診
6 確認
7 質問
8 返答
9 承諾
10 拒否・辞退
11 禁止・否定
12 可能・肯定
13 反論
14 かわす・回避
15 指摘・助言
16 提案
17 称賛

✕ 返事はお暇なときに

NG▶ 返事はお暇なときで構いません。
OK▶ ○○についてのご回答をお待ちしています。

「いつまで」というはっきりした指定がない分、一見、気楽に思えますが、裏を返せばいつまでも返事を待たれているのと同じで、受け取った側は少し負担に感じるフレーズです。

✕ どうしたらいいですか　どうすればいいですか

NG▶ 会議の議事録の依頼があったのですが、どうすればいいですか。
OK▶ 会議の議事録の件ですが、要約を Word でまとめ、○日までにメールでお送りするという運びでよろしいですか。

指示・依頼に対して、自分はどのように対処するつもりかを示し、先に段取りを確認しておけば、後の作業がスムーズに流れていきます。

✕ 〜と思います

NG▶ 保留になっている○○の件ですが、多分、あさっては結論が出ると思います。
OK▶ 保留になっている○○の件ですが、△日には結論が出ます。わかり次第、ご連絡いたします。

「〜と思います」「〜と思われます」は、場合によっては漠然として、自信がなさそうな印象を与えます。

II ……ビジネスメールの文例とフレーズ

✕どちらでもいいです

NG▶ 私は今日でも明日でもどちらでもいいです。
OK▶ では、今日お願いします。

　返答する側はどちらでもよくても、尋ねる側はどちらかに決める必要があるため尋ねています。たとえささいなことでも、尋ねられた側はAかBかの判断を。

✕できそうなら～します

NG▶ ○○の会合は、今日行けそうなら行きます。
OK▶ ○○の会合は残念ながら、今回は出席できません。

　不確かな返答は相手に余計な気を使わせ、手間をとらせます。可能か不可能かを返答しましょう。

✕～でいいです

NG▶ A案でいいのでお願いします。
OK▶ A案はインパクトがあっていいですね。
NG▶ 担当はあなたでいいから、急いで対応してください。
OK▶ 急ぎの案件なので、あなたに担当をお願いしたいのですが。

「～でいいです」という言い方は、「どちらでもいいからとりあえず」「不本意だが、仕方ないので」というあきらめのニュアンスが感じられます。

★ 基本
1 感謝
2 気遣い
3 おわび
4 依頼
5 打診
6 確認
7 質問
8 返答
9 承諾
10 拒否・辞退
11 禁止・否定
12 可能・肯定
13 反論
14 かわす・回避
15 指摘・助言
16 提案
17 称賛

99

9 承諾の文例とフレーズ

依頼や申し入れには、まず感謝の意を伝え、丁寧な表現と前向きな気持ちで承諾の返事を。「わかりました」「了解です」に代わる言いまわしも覚えておきましょう。

取材依頼への承諾

件名:「△△」取材依頼について

○○企画
佐藤様

この度はご連絡いただき、ありがとうございました。
メルイチ株式会社広報部の鈴木です。

弊社の新サービス「△△」の取材の件、承知しました。
当社といたしましても「△△」を取り上げていただくことは
願ってもないことで、ぜひ、お受けしたいと存じます。

取材日程ですが、ご希望の日程のうち、　　　　　POINT
X月X日10〜12時でしたら対応可能です。

何かご不明な点がありましたら、
お気軽にお尋ねください。

それでは当日、お待ちしております。

POINT 相手から候補日が挙げられ日程の打診がある場合は、都合を知らせします。打診がない場合も、おおよその都合を知らせておくと調整しやすいです。

Ⅱ ……ビジネスメールの文例とフレーズ

承諾の基本フレーズ

承知しました（いたしました）

次の打ち合わせの件、承知しました。

　目上の相手には「了解しました」より「承知しました」が丁寧な表現として適切です。

承ります（ました）

● 荷物の発送は当方で承ります。
● ○○のご依頼、承りました。

「承知しました」と同じ意味を持つフレーズ。「わかりました」でも意味は通じますが、「承りました」と返答すれば品がよく、丁寧な印象を与えます。

「了解」も間違いではないけれど…
「了解」「了解です」「了解しました」は主に「わかりました」という意味でビジネスメールでもよく使われるフレーズです。
　しかし、目上の相手や客先に使うには不向きです。「了解」という言葉自体に尊敬の意味が含まれていないからです。「了解いたしました」と丁寧に表現しても意味はあまり変わりません。

★ 基本
1 感謝
2 気遣い
3 おわび
4 依頼
5 打診
6 確認
7 質問
8 返答
9 承諾
10 拒否・辞退
11 禁止・否定
12 可能・肯定
13 反論
14 かわす・回避
15 指摘・助言
16 提案
17 称賛

「了解」に対して違和感を覚えるか否かは、個人によって感じ方に違いがあるかもしれません。ですが、より丁寧な言葉遣いとして「承知しました」「承りました」「かしこまりました」を覚えておいて損はないでしょう。

かしこまりました

営業所への連絡の件、かしこまりました。

目上の相手や客先へ「わかりました」と伝える場合、「かしこまりました」が丁寧で好ましい表現です。口答で使うことの多い言いまわしです。

お待ちしています

- 打ち合わせにお越しいただくのは○日ですね。
  お待ちしています。
- それでは、お待ちしております。

確認とともに来訪する相手に対する心遣いを伝えるフレーズ。「承りました」に代わるフレーズの1つでもあります。

お引き受けします (いたします)

- 私でよろしければ、お引き受けいたします。
- この度のお話、喜んでお引き受けします。

Ⅱ……ビジネスメールの文例とフレーズ

「お引き受けします」「承ります」の前に「喜んで」を添えると、依頼やお願い事に対して積極的に取り組む姿勢を伝えます。

申し分ありません（ございません）

- この案で<u>申し分ありません</u>ので、正式な文書をお送りいただけますか。
- 設備、サービス、スタッフの対応、いずれも<u>申し分ありません</u>でした。

不満に思う点や非難すべき点がない状態を表すフレーズ。「いいですね」「OK です」というニュアンスを伝える改まった言い方です。

異存ありません（ございません）

日程については<u>異存ありません</u>。

相手の意見や提案に不服がなく、受け入れることを示すフレーズ。「申し分ありません」と同じ意味合いで使われます。

問題ありません（ございません）

送付先一覧を確認しましたが、特に<u>問題ありません</u>。

ビジネスメールでは「全然だいじょうぶです」という口語的な表現より「まったく問題ありません」のほうがスマートです。

★ 基本

1 感謝

2 気遣い

3 おわび

4 依頼

5 打診

6 確認

7 質問

8 返答

9 承諾

10 拒否・辞退

11 禁止・否定

12 可能・肯定

13 反論

14 かわす・回避

15 指摘・助言

16 提案

17 称賛

103

「OK です」を丁寧に言いかえると…

- 申し分ありません
- 申し分ございません
- 異存ありません
- 異存ございません
- 問題ありません
- 問題ございません

前記のフレーズはいずれも、意味合いとしては「OK です」と同じです。「OK です」は便利な表現ですが、相手との距離感や間柄によってはカジュアルすぎて使えない場合もあります。ビジネスメールでは上記の文例のように言いかえるほうがよいでしょう。

承諾のフレーズにプラス

➕喜んで

ご依頼、ありがとうございます。
<u>喜んで</u>お引き受けいたします。

「喜んで」というフレーズを添えることで、依頼に応じる前向きな姿勢をアピールできます。

「承知しました」の次に添えるフレーズ

承知しました。<u>喜んで</u>参加いたします。

相手からの頼みを事を引き受けるとき、「承知しました」の後に上記のようなフレーズを添えて返せば、より丁寧で気持ちが伝わる一文になります。

II ……ビジネスメールの文例とフレーズ

承諾した相手へのフレーズ

ご快諾いただき、ありがとうございます

無理なお願いにもかかわらず、ご快諾いただき、ありがとうございます。

相手が依頼や申し入れを快く承諾してくれたことを示すフレーズ。「快諾」には、気持ちよく引き受けてくれた相手への感謝の念が込められています。

その他の言いまわしとして、次のようなものがあります。

- ●ご了承いただき、感謝申し上げます。
- ●ご承諾いただき、お礼申し上げます。
- ●お引き受けいただき、ありがとうございます。

発注者から受注先へのメール

NG
制作料の件、かしこまりました。
そちらの金額で結構ですので、お手数ではございますが、請求書をご郵送ください。
今後ともよろしくお願いいたします。

OK
制作料の件、確認しました。
お知らせいただいた金額で請求書をお送りください。
引き続き、よろしくお願いします。

★ 基本
1 感謝
2 気遣い
3 おわび
4 依頼
5 打診
6 確認
7 質問
8 返答
9 承諾
10 拒否・辞退
11 禁止・否定
12 可能・肯定
13 反論
14 かわす・回避
15 指摘・助言
16 提案
17 称賛

105

仕事を発注した外注先の担当者が自分より年上の場合、言葉遣いに気を使うあまり、必要以上に敬語を使ってしまうことも。そんなときは、年齢よりも立場や仕事（お金）の流れを考えると適切な表現の見当がつきます。

NG例文の「かしこまりました」は、受注者→発注者のメールの表現としては適切ですが、発注者→受注者の場合は「確認しました」としてよいでしょう。

「お手数ではございますが」も受注者→発注者のメールにはあってよいフレーズですが、発注者→受注者のメールにはなくても失礼にはなりません。

承諾のNGフレーズ

✕ 全然だいじょうぶ

NG▶ 全然だいじょうぶなので、進めてください。
OK▶ ● 特に問題ありませんので、進めてください。
　　　　● まったく問題ありません。進めてください。

「全然だいじょうぶ」は口語的で軽々しい印象を与えるので注意。

10 拒否・辞退の文例とフレーズ

依頼や誘いを断るには勇気がいります。断ることで相手との関係が気まずくならないよう、言葉遣いに配慮が必要です。断った後も良好な関係が築けるフォローを。

問い合わせの断り

件名：広告掲載のご依頼について

○○広告社
佐藤様

お世話になります。
メルイチ株式会社の鈴木です。

△△への広告掲載について　　　　　　　　POINT①
ご案内をいただき
ありがとうございます。

社内で検討した結果、
予算にも限りがあるため
このたびは広告の掲載を見送ることにしました。

せっかく詳細な資料をお送りいただきましたのに　POINT②
ご意向に沿えず申し訳ございません。

弊社の事情をご推察いただき
ご理解を賜りますようお願い申し上げます。

★ 基本
1 感謝
2 気遣い
3 おわび
4 依頼
5 打診
6 確認
7 質問
8 返答
9 承諾
10 拒否・辞退
11 禁止・否定
12 可能・肯定
13 反論
14 かわす・回避
15 指摘・助言
16 提案
17 称賛

POINT ① 断りの意を伝える場合もまず「ありがとうございます」から文章を始めると好印象を与えます。依頼や問い合わせに対しても、感謝の気持ちを伝えることを忘れずに。

POINT ② 断る理由を述べ、誠意を持って断りの意思を伝えます。本当の理由を書きづらい場合は「諸般の事情により」「社内規定により」のように差し障りのない理由を添えることもありますが、断りの意思はあいまいにせず、はっきりと伝えることが重要。

拒否・辞退の基本フレーズ

見送る

恐れ入りますが、今回は出席を見送らせてください。

辞退・断るときの婉曲的な言いまわし。

難しいです

大変申し訳ないのですが、今回は対応が難しいです。

「できません」を婉曲に表現したフレーズ。

しかねます

- 恐れ入りますが、当方では対応しかねます。
- わかりかねますので、至急確認し、ご返答いたします。

Ⅱ······ビジネスメールの文例とフレーズ

「できない」の婉曲な言い方が「しかねる」です。
「できません」「わかりません」「行けません」と単刀直入に
書くと、メールの場合はきつく感じられるため、「しかねま
す」と表現します。

～せざるを得ません

● 今回の出展は断念せざるを得ない状況です。
● 今後の継続が難しく、あきらめざるを得ません。

やむを得ずできない、相手の意向に応えられない残念な気
持ちを伝えるフレーズです。

困っています

私どもでも対処のしようがなく、困っています。

「～ができない」結果、困っているという現状を伝える表現
です。相手の行為を非難するより、その行為によってもたら
された自分への負担や苦痛といった感情を伝えるほうが相手
の心に訴えかけることができます。

拒否・辞退のフレーズにプラス

✚申し訳ありません（ございません）

● 申し訳ありません。現在、複数の案件を抱え、対応が難しい
状況です。
● せっかくお声がけいただきましたのに、ご要望に沿えず申し
訳ございません。

★基本
1 感謝
2 気遣い
3 おわび
4 依頼
5 打診
6 確認
7 質問
8 返答
9 承諾
10 拒否・辞退
11 禁止・否定
12 可能・肯定
13 反論
14 かわす・回避
15 指摘・助言
16 提案
17 称賛

断りのフレーズの前に、「申し訳ありません」を添えると、文全体にとげとげしさがなくなります。断りの後のフォローにも用います。

➕あいにく

あいにくすでに予定があり、今回は参加が難しい状況です。

「あいにく」は意に反して不都合な状態にあることを意味します。依頼や誘いのメールを断るとき、緩衝材になるフレーズです。

➕せっかく

せっかく声をかけていただいたのに心苦しいです。

「せっかく」は、断りの一文の後に添えると感じの良いひと言です。最後に残念に思う気持ち、恐縮している気持ちを表すフレーズで結びます。

➕残念ですが　残念ながら

残念ながら、出席が難しい状況です。

　断りや言いにくいことを伝えるときに添えると、表現がやわらぐフレーズ。「せっかく」同様、相手の意向に沿えず申し訳ないという気持ちを伝えます。

II ……ビジネスメールの文例とフレーズ

➕心苦しいのですが　心苦しい限りです

お役に立てず心苦しいのですが、今回はお断りいたします。

　断ることを相手に申し訳なく思う気持ちを伝えるフレーズ。断りの言葉の前に添えて使います。

➕恐れ入りますが　恐縮ですが

大変恐縮ですが、当方では対応しかねます。

　相手の依頼や働きかけに応えられずに申し訳なく思う際に使うフレーズ。

➕社内で検討（協議）し

早速、社内で検討した結果、残念ながら今回は見送らせていただくことになりました。

　無理な依頼の場合も即座に断ってしまうと、かえって相手の心証を悪くします。先走らず、一度は検討する余地を持つことも必要です。「社内」は「弊社」とも言いかえられます。

➕かえってご迷惑をかける

このような状況では、かえってご迷惑をおかけすることになりかねません。

　安請け合いをして後でトラブルになることを避けるためのフレーズ。自分の手に余る事態であることを伝えます。

★ 基本
1 感謝
2 気遣い
3 おわび
4 依頼
5 打診
6 確認
7 質問
8 返答
9 承諾
10 拒否・辞退
11 禁止・否定
12 可能・肯定
13 反論
14 かわす・回避
15 指摘・助言
16 提案
17 称賛

111

拒否・辞退の NG フレーズ

✕無理です

NG▶ 追加の依頼への対応は<u>無理です</u>。
OK▶ ● 追加の依頼には<u>対応しかねます</u>。
　　　● 追加の依頼を<u>お引き受けするのが難しい状況です</u>。
NG▶ 私には<u>無理な</u>仕事です
OK▶ ● 私には<u>荷が重く、ご期待に沿いかねます</u>。
　　　● 私の<u>力不足もあり、対応は難しいです</u>。

「無理です」は拒絶の度合いが強いフレーズなので、相手が反感を覚えたり、気分を害したりすることのないよう、婉曲で丁寧な表現を心がけましょう。

✕できません

NG▶ うちでは<u>できません</u>。
OK▶ ● 当方では<u>いたしかねます</u>。
　　　● 当方では対応が<u>難しいです</u>。
NG▶ その質問にはお答え<u>できません</u>。
OK▶ その質問にはお答え<u>しかねます</u>。

「できません」と言い切ってしまうと相手は取りつく島もなく、後が続きません。同じ断る場合でも「しかねます」「難しいです」とすれば、婉曲で一方的なきつい調子が緩和されます。

Ⅱ……ビジネスメールの文例とフレーズ

✕いやです

NG▶ 掲載は恥ずかしいのでいやです。

OK▶ ● 無断で掲載するのはおやめください。
　　 ● 許可なく掲載するのはご遠慮いただけますか。

「いやです」「嫌いだから」という感情的な対応では、相手は納得しないし、悪い印象しか抱きません。
「できません」の場合と同様、拒絶よりも相手の理解を求める言い方を考えましょう。好き嫌いの感情ではなく、きちんとした理由を述べることも必要です。

✕聞いてないので〜わかりません

NG▶ 聞いてないので対応できるかどうかわかりません。

OK▶ その件についてはわかりかねますので、至急、確認してご返答いたします。

　頭から「聞いてない」と拒否してかかるのではなく、まず、「聞いていない」状況をどのようにしたら変えられるかを考えます。
「わかりかねます」で終わらず、「わかる」ためにどのように対応するかまで伝えることができればベター。

✕知りません

NG▶ 直接の担当者を知りません。

OK▶ あいにく、直接の担当者を存じません（存じておりません）ので、確認してお知らせします。

★ 基本
1 感謝
2 気遣い
3 おわび
4 依頼
5 打診
6 確認
7 質問
8 返答
9 承諾
10 拒否・辞退
11 禁止・否定
12 可能・肯定
13 反論
14 かわす・回避
15 指摘・助言
16 提案
17 称賛

「知らない」と伝えるには「あいにく」「恐れ入ります」など緩衝材になる言葉を添えて婉曲に。「知らない」で終わらせないためには「確認後、知らせる」旨を伝えます。

相手を不快にさせない言いまわし

NG▶ ダイレクトメールの送付をやめてください。
OK▶ ダイレクトメールの送付を中止していただけますか。

「やめてください」という否定型ではなく「〜いただけますか」と依頼型にすると言い方として角が立ちません。

NG▶ 当日ご注文いただいてもご用意できません。
OK▶ 前日までにご注文いただきましたら、ご用意できます。
NG▶ 営業時間外の駐車は迷惑です。
OK▶ 営業時間内でしたら、弊社駐車場をご利用いただけます。
NG▶ 明日まで対応できません。
OK▶ 明日以降でしたら、対応できます。

「できない」のではなく「〜でしたら〜できます」と視点を変えて提案しましょう。

　最後に「ご協力ありがとうございます」と添えると、とげとげしさのない感じの良い文章としてまとまります。否定の後に肯定が続くことで否定が緩和され、断られたほうも感情的なしこりを残さずに済みます。

Ⅱ……ビジネスメールの文例とフレーズ

✕ちょっと

NG▶ 今日はちょっと…
OK▶ あいにく今日は先約があり、参加できません。
NG▶ すみません、ちょっと他に用があるんで。
OK▶ ありがとうございます。せっかくですが、今日は他に
用事があり、ご一緒できません。

　相手からの誘いを断るときは、「すみません、ちょっと…」
とあいまいにお茶を濁すより、まず「ありがとうございます」
と、声をかけてもらったことへの感謝の意を伝えると、断る
気まずさが軽減されます。最後に「次回はぜひご一緒させて
くださいね」とフォローのひと言をつけ加えると申し分あり
ません。

✕パスします

NG▶ 都合が悪いのでパスします。
OK▶ せっかくですが、都合で参加できません。

　自分の順番を飛ばして次の人に回すことを「パスする」と
言いますが、断りの表現としてはいささか子どもっぽいです。
親しい間柄では通用するフレーズですが、ビジネスメールで
はきちんとした大人の表現を使いたいですね。

あいまいな断り方とは？
- そのうち、近々
- またの機会に
- 考えておきます。

★ 基本
1 感謝
2 気遣い
3 おわび
4 依頼
5 打診
6 確認
7 質問
8 返答
9 承諾
10 拒否・辞退
11 禁止・否定
12 可能・肯定
13 反論
14 かわす・回避
15 指摘・助言
16 提案
17 称賛

115

これらは社交辞令として使われることも多いのですが、相手に期待を持たせる表現でもあります。思わせぶりなフレーズでお茶を濁さず、できないときはできない、と意思表示しましょう。特に勧誘目的の相手には隙を与えることになるので、注意が必要です。

スマートに断る３つのステップ

①感　　謝：まずは、誘ってもらったことへの感謝を述べる。
　　　　　　「すみません」より「ありがとう」を！
②理　　由：参加できない理由はくどくど述べず、「他の予定」に集約する。
③フォロー：次の機会につなげるひと言を忘れずに。今回は無理でも、次回以降、参加する気持ちがあることを伝える。

①お声をかけていただき、ありがとうございます。
②その日はすでに他の予定があり、
　残念ながら新年会に参加できません。
③また、何かありましたら、
　ぜひ声をかけてくださいね。

代替案の提案

件名：△△業務依頼の件

業務推進部　田中様

○○課の渡辺です。
先ほどご連絡いただいた

Ⅱ……ビジネスメールの文例とフレーズ

△△業務の依頼の件
ぜひお手伝いしたいところですが
あいにく当方も▽▽の納期が２日後に迫っており　POINT①
作業に追われています。

このような状況で、業務をお引き受けするのは　POINT②
作業を中途半端に終わらせることになり
かえってご迷惑をおかけすることになると考えます。
申し訳ないのですが、
他部署に応援を頼んでいただくわけには
いかないでしょうか。

もし、X日までお待ちいただけるようでしたら　POINT③
▽▽の作業が終わり次第、すぐに対応いたします。
X日10時からでしたら、対応可能です。

お取り計らい、よろしくお願いいたします。

| ★基本 |
| 1 感謝 |
| 2 気遣い |
| 3 おわび |
| 4 依頼 |
| 5 打診 |
| 6 確認 |
| 7 質問 |
| 8 返答 |
| 9 承諾 |
| **10 拒否・辞退** |
| 11 禁止・否定 |
| 12 可能・肯定 |
| 13 反論 |
| 14 かわす・回避 |
| 15 指摘・助言 |
| 16 提案 |
| 17 称賛 |

POINT ①　現状を知らせる：無理な依頼には、最初から「無理です」「だめです」と拒絶するのではなく、対応できない理由・状況をきちんと説明し、相手の理解を得ることが肝要です。

POINT ②　懸念される状況を伝える：無理に引き受けることによって懸念される状況、想定されるマイナスの事態について述べ、別の方法で対処してもらえないかを打診します。

POINT ③　代替案を提案：代替案を提案するときはポジティブな表現を心がけ、日時を明言するとより確かで相手に安心を与えます。一方的に断るより、共に解決策を考える姿勢は相手に好感を与え、良好な関係をもたらすきっかけになります。

117

断った後にはフォローを入れる

　一見、断ることはマイナスの行為のように思えますが、断り方とフォロー次第でプラスの印象を残せます。

- 今回は残念ながら参加できませんが、
  また、声をかけてください。
- 明日でしたらご一緒できるのですが、残念です。
- 来週は手がすきますので、
  よかったら声をかけてくださいね。
- ○日からでしたら対応できます。
  それからでは遅いでしょうか？

　断る前に「申し訳ないのですが」「あいにく」「せっかくですが」 のひと言を入れましょう。さらに、断って終わりではなく、可能ならば別の対応策を提案するとよいでしょう。

　また、具体的な「次のきっかけ」を示すと、相手も声をかけやすくなります。

断りの返信も、まずは「ありがとうございます」から

　相手から断りのメールや不参加、対応できないという内容のメールを受け取ったときも、まずは「ありがとうございます」で文章を始めると好印象を与えます。

ご検討いただき、ありがとうございます。
残念ですが、また次回よろしくお願いいたします。

---

11 禁止・否定の文例とフレーズ

直接的な禁止や否定的な表現は相手の反発を招きます。一方的な禁止・否定は避け、相手の理解や協力を求める姿勢を持つことが大切です。

利用についての警告（複数人への送信）

件名：△△ネットへの投稿について

△△ネット会員の皆様

いつも△△ネットをご利用いただき、
ありがとうございます。
恐れ入りますが、当 Web サイトへの投稿について
1 点お願いがございます。　　　　　　　POINT①

当 Web サイトでは　　　　　　　　　　POINT②
営業や広告などに関する宣伝を目的とした投稿は
禁止しております。

したがいまして、
会員間のサイト上の交流を著しく妨げる
下記のような投稿はおやめください。

・特定の団体や商品、Web サイトなどを紹介し、
　勧めるような投稿
・投稿者が運営する Web サイトやブログへの誘導を
　目的とした投稿

会員の皆様が△△ネットを通じて
より良いコミュニケーションが楽しめるよう
ご協力をお願いいたします。

★ 基本

1 感謝

2 気遣い

3 おわび

4 依頼

5 打診

6 確認

7 質問

8 返答

9 承諾

10 拒否・辞退

11 禁止・否定

12 可能・肯定

13 反論

14 かわす・回避

15 指摘・助言

16 提案

17 称賛

119

POINT ① ある行為や利用の禁止を伝えるような場合でも、あからさまに禁止事項や警告を伝えるのではなく、「協力をお願いする」という姿勢でワンクッション置いた表現を心がけましょう。

POINT ② 「〜は禁止しております」と禁止事項を挙げたうえで、それにかかわる行為を具体的に示し、差し控えるよう「おやめください」と伝えます。禁止に該当する内容を箇条書きにするなど、わかりやすく伝えることが重要です。

禁止・否定の基本フレーズ

禁じます　禁止します

このメールマガジンに書かれた内容の無断転載、無断複製を禁じます。

強く禁止を訴えるフレーズ。

おやめください

無断転載はおやめください。

「だめです」「やめてください」に代わる禁止のフレーズ。

ご遠慮ください（願います）

講演中のタバコはご遠慮願います。

Ⅱ ……ビジネスメールの文例とフレーズ

「ご遠慮ください」の敬語としての正否は諸説ありますが、「だめです」「やめてください」より婉曲な表現として慣用的に使用されています。

お控えください

見学中は携帯電話のご利用を**お控えください**。

　行為を抑制する意を持つフレーズ。「〜はだめです」「〜しないでください」よりも婉曲な表現です。

頭から禁止せず、ポジティブに言いかえる

NG▶ この資料は貸し出し禁止です。
OK▶ ● この資料は館内でのみ閲覧可能です。
　　 ● この資料は館内でしたらご覧いただけます。

NG▶ 車で来ないでください。
OK▶ 公共交通機関をご利用ください。

NG▶ 先方の確認が終わるまで進めないでください。
OK▶ 先方の確認が終わってから進めてください。

　同じ意味合いでも、否定的に表すか、肯定的に表すかで相手に与える印象が変わってきます。頭から禁止や否定をせず、できないのならどうすればできるようになるか、という視点でポジティブに言いかえる工夫をしましょう。

★ 基本
1 感謝
2 気遣い
3 おわび
4 依頼
5 打診
6 確認
7 質問
8 返答
9 承諾
10 拒否・辞退
11 禁止・否定
12 可能・肯定
13 反論
14 かわす・回避
15 指摘・助言
16 提案
17 称賛

121

ご協力をお願いします

全室禁煙になっておりますので、ご協力をお願いします。

　禁止事項を伝えるだけでなく、禁止に対する協力を促すフレーズ。あからさまに禁止を訴えるより、相手の気持ちに強く訴えかけることができます。「ご協力いただけますか」という問いかける形のフレーズもあります。

禁止・否定のフレーズにプラス

➕恐れ入りますが

恐れ入りますが、ID カードがない方は入館できません。

　単に「〜できません」と禁止するより、表現が婉曲になります。

できないことを伝える表現

NG▶ 本日、会議室はご利用できません。
OK▶ 本日、会議室はご利用になれません。

　自分ではなく相手ができるか、できないかを示す「可能型」の敬語表現は「お（ご）〜になれる」です。従って、「ご利用になれます」の否定表現は「ご利用になれません」とするのが適切です。

Ⅱ……ビジネスメールの文例とフレーズ

禁止・否定の NG フレーズ

✘ だめです

NG▶ 経験だけで判断してはだめです。
OK▶ 経験だけで判断するのは危険です（危ないです）。
NG▶ それじゃあだめです。
OK▶ こういう書き方は誤解されやすいです。
NG▶ だから、君はだめなんだ。
OK▶ 先ほどの君の発言は適切でない。

　否定の対象があいまいだったり、相手の人格を否定したりする表現は反感を買います。すべてを「だめ」と否定するのではなく、注意する部分を明確にし、どこがいけないのかを指摘するようにしましょう。

「君はだめ」のように相手の人格を否定する言い方ではなく、「君の発言」「君の対応」のように相手の言動や態度を注意するようにします。

✘ ～しか

NG▶ 打ち合わせに 1 時間しか時間が取れません。
OK▶ 1 時間でしたら、打ち合わせの時間が取れます。
NG▶ それだけのことしか知らないのですか。
OK▶ それだけ知っていれば十分です。

　否定形の述語に呼応する助詞が「しか」です。「～しか～ない」という言い方は、消極的であきらめの気持ちを強めるため、現状を肯定・好転させる表現に言いかえます。

★ 基本
1 感謝
2 気遣い
3 おわび
4 依頼
5 打診
6 確認
7 質問
8 返答
9 承諾
10 拒否・辞退
11 禁止・否定
12 可能・肯定
13 反論
14 かわす・回避
15 指摘・助言
16 提案
17 称賛

123

✕ どうせ

NG▶ どうせ、君にはわからないだろうが…。

OK▶ わからない点があれば、聞いてください。

NG▶ どうせ反対されるのなら、しないほうがましです。

OK▶ 反対されるとは限りません。挑戦してみましょう。

「〜しか」同様、マイナスの印象を与えるあきらめのフレーズが「どうせ」です。悲観的、後ろ向きな言葉より、肯定的で前向きな言葉に言いかえる意識を持てば、得る結果も変わってきます。

過去にさかのぼって否定しない

「覆水盆に返らず」と言いますが、過ぎたこと、終わったことを責めても何も解決しません。前例や経験がないからできない、しないというのは"逃げ"の常套句です。過去を引き合いに出して「だから、できない」とするのではなく、「どうしたらできるか」という観点で対応することが肝心です。

NG▶ だから、あのとき言ったではないですか。

NG▶ 〜しておけばよかったのに

NG▶ 以前も〜だった。

NG▶ 前例がありません。

NG▶ 今まで経験がないので

Ⅱ······ビジネスメールの文例とフレーズ

比較は否定と同じ

NG▶ ● 前任者の A さんのやり方はこうでした。
　　　 ● B 社の担当者と方法が違いますね。
OK▶ ● 今まではこういうやり方でしたが、
　　　　 他にはどのような方法があり（考えられ）ますか。
　　　 ● A の方法に対し、B の方法はいかがでしょうか。
NG▶ C さんが担当のときはもっと詳しく指示がありました。
OK▶ ○○について詳しく指示していただけますか。

　比較されるのは、誰にとっても面白くないものです。自分のやり方や姿勢が否定されたようで、よい気持ちはしません。
　主語を「誰か」に特定するのではなく「やり方・考え方」「方法・手法」に焦点を当て、それに対してどう思うか相手の考えを尋ねるようにすると、すんなり受け入れられます。別の方法を提案するのもよいでしょう。

勧誘を断わる２つのステップ

　協力や対応ができない事柄については、はっきりとその意思がないことを伝えます。
①相手を否定したり、非難するのではなく、その行為や方法に同意しかねる気持ちを伝える。
②強く禁止する場合は「〜ください」と言い切るほうが意思がはっきり伝わる。

①ご案内いただきました○○の商材に関しては
　疑問に思うことが多く、残念ながらご協力できません。
②今後もこの商材を取り扱う予定はありませんので、
　ダイレクトメール等の送付はおやめください。

★ 基本

1 感謝

2 気遣い

3 おわび

4 依頼

5 打診

6 確認

7 質問

8 返答

9 承諾

10 拒否・
　 辞退

11 禁止・
　 否定

12 可能・
　 肯定

13 反論

14 かわす・
　 回避

15 指摘・
　 助言

16 提案

17 称賛

125

12 可能・肯定の文例とフレーズ

否定的な表現や対応は気持ちを後ろ向きにさせます。前向きに物事を捉え、どうしたら良くなるかを考えて肯定的に表現する術を身につけましょう。

デメリットを打ち消す

件名：△△制作依頼先の件

田中部長

渡辺です。

△△制作依頼先の件ですが
A社に依頼した場合、制作料金はやや高いのが難点です。
しかし、デザインが良く、対応も早く確実です。　POINT

今回は新商品ということもあり
インパクトのあるデザインが期待できる
A社に制作を依頼したいと考えています。

ご了承いただければ
すぐに依頼し、作業を進めます。

ご検討のほど、よろしくお願いいたします。

POINT　1つの商品やサービス、人やものの特徴にプラスの要素とマイナスの要素がある場合、どちらを先に述べるかで、相手に訴えかける強さが変わります。マイナス要素を先に挙げ、後にプラス要素を述べるほうが印象に残ります。

Ⅱ ……ビジネスメールの文例とフレーズ

デメリットが先で、メリットは後

NG▶ A社に依頼すると仕事は早くて確実ですが、
　　　料金が高いです。
OK▶ A社に依頼すると料金は高いです。
　　　しかし、仕事は早くて確実です。

NG▶ 開発力はあるのに、営業力が弱いのが難点です。
OK▶ 開発力はあるのだから、営業力を強化すれば
　　　もっと業績は向上します。

NG▶ 人柄はいいのだが、積極性が足りない。
OK▶ 積極的ではありませんが、人柄の良さは一番です。

　特徴を示す場合や人に注意や指摘をする場合、先にメリットを伝え、後でデメリットを示すよりも、デメリットを挙げた後でメリットを述べるほうが、メリットが際立つ効果があります。
「しかし」「でも」「ただ」「ところが」という打消しの言葉の後にメリットや長所が続くことで、文章全体がマイナスからプラスの印象に転換します。

可能・肯定の NG フレーズ

✕ ～できないわけではない

NG▶ 急げば、確認できないわけではありません。
OK▶ 急げば、確認できます。

「～できないわけではない」という二重の否定は、もったい

★ 基本
1 感謝
2 気遣い
3 おわび
4 依頼
5 打診
6 確認
7 質問
8 返答
9 承諾
10 拒否・
　　辞退
11 禁止・
　　否定
12 可能・
　　肯定
13 反論
14 かわす・
　　回避
15 指摘・
　　助言
16 提案
17 称賛

127

ぶった印象を与えます。「～できます」「～します」とシンプルに表現するほうがすっきりします。

✖ ～がないと…できない

NG▶ 資料がないとすぐには確認できません。
OK▶ 資料があれば、すぐ確認できます。

「～がないと…できない」は「～ならば（だから）…できる」と言いかえると積極性が感じられる一文になります。

✖ AではなくB

NG▶ 更新したのは昨日ではなく今日です。
OK▶ 更新したのは今日です。

「Aではなく」という否定の表現が入ることで「B」の内容が強調される効果はありますが、通常のメールでは「Bです」とダイレクトに書くほうがすっきりしてわかりやすいです。

✖ ～と思われがちですが、実は

NG▶ この問題は難解と思われがちですが、実は簡単です。
OK▶ この問題は簡単です。

　否定表現を重ねて使うと、一番言いたいことが強調できます。しかし、否定を重ねると結論や目的がわかりにくく、書いた側の意図と読む側の解釈が食い違う恐れがあります。メールでは、誤解を招かないためにも、できるだけ端的でわかりやすい表現を心がけましょう。

128

Ⅱ……ビジネスメールの文例とフレーズ

「～できない」ではなく「できる」という言い方で伝える

NG▶ これから外出するので、13時まで戻れません。
OK▶ これから外出しますが、13時からは事務所におります。

「～できない」という否定表現で文が終わると、話もそこで終わってしまいます。しかし、「～できる」という肯定的な表現に言いかえることで、次の行動や対応につながっていきます。同じことを言うのでも肯定的に表現して相手が次にどうすればよいか判断しやすい文面で伝えると、やり取りがスムーズになります。

効果的な期限の伝え方

NG▶ 参加申込書の提出は12月20日以降は受け付けません。
OK▶ 参加申込書の提出は12月19日まで受け付けています。

　期日を提示する場合、「～からは対応できない」より「～までは対応できる」と肯定的に書きかえてみましょう。
　厳しくきつく表現すると威圧感があり、重苦しく感じられやる気が起きませんが、可能性を提示する表現なら行動を促すことができます。
「北風と太陽」の物語と同じで、ポジティブな表現のほうが人の関心を引きつけます。

必要以上の遠慮や謙そんはNG

NG▶ お邪魔するのは申し訳ないので、伺えません。
OK▶ お招きいただき、ありがとうございます。
　　　では、お言葉に甘えて伺います。

　謙虚な気持ちは大切ですが、「申し訳ないので」「悪いので」という必要以上の遠慮やかたくなに拒む態度は、相手の好意

★ 基本
1 感謝
2 気遣い
3 おわび
4 依頼
5 打診
6 確認
7 質問
8 返答
9 承諾
10 拒否・辞退
11 禁止・否定
12 可能・肯定
13 反論
14 かわす・回避
15 指摘・助言
16 提案
17 称賛

129

を無にすることになります。素直に相手の誘いや案内を受け入れるほうが、相手にも喜ばれます。

ものは言いよう

> **NG▶** ○○さんはおしゃべりな人です。
> **OK▶** ○○さんは話題が豊富な人です。
> **NG▶** いつも人が多くて込み合っています。
> **OK▶** いつもたくさんの人でにぎわっています。

　同じ意味合いでも、否定的に表すか肯定的に表すかで相手に与える印象は変わってきます。賢く言いかえ、プラス思考で物事を伝える習慣を身につけたいですね。

肯定的に表現する

　否定的な表現でダメ出ししたり、警告するより、プラスの行動に結びつく問いかけや呼びかけをすると、相手の行動・対応が変わります。

> **NG▶** 領収書が同封されていないので、手続きができません。
> **OK▶** 領収書を同封していただければ、
> 　　　すぐに手続きいたします。
> **NG▶** 納期まで3日しかありません。
> **OK▶** 納期までまだ3日あります。

13 反論の文例とフレーズ

異論・反論をメールで送信する場合、対面で話すときより
やり取りがヒートアップしやすいので、表現や言葉遣いを
慎重に選びましょう。

顧客の意見への反論

件名：△△の製品価格について

○○株式会社
佐藤様

お世話になります。
メルイチ企画の鈴木です。

弊社の△△についてご意見をいただき　　　　POINT①
ありがとうございます。

おっしゃる通り、
△△は他社の製品に比べ、価格が高い点がよく指摘されます。

しかしながら、　　　　　　　　　　　　POINT②
当初「高い」とおっしゃっていたお客様が、
継続してご注文くださっているのも事実です。

と言いますのも、　　　　　　　　　　　POINT③
注文数の大小にかかわらず期日までに確実に届き
不良品や欠陥品もなく品質が安定しているため
返品処理などの手間がかからず
結局、他社に比べて安いという評価をいただいて
いるからです。

弊社では製品が実際にお客様のお手元に届くまで
一つひとつに責任を持ち、万全の態勢で対応しております。

★ 基本
1 感謝
2 気遣い
3 おわび
4 依頼
5 打診
6 確認
7 質問
8 返答
9 承諾
10 拒否・辞退
11 禁止・否定
12 可能・肯定
13 反論
14 かわす・回避
15 指摘・助言
16 提案
17 称賛

131

ぜひ、この機会に△△のお取り扱いを
ご検討いただきますようお願い申し上げます。

POINT ① 相手からの意見に反論する場合も、「ご意見をいただき、ありがとうございます」と感謝の意を伝えます。敵対したり、相手を言い負かしたりするのが目的ではなく、理解を得ることが目的なので、まずは感謝の言葉から始めましょう。クレームに返信する場合も同様の対応を。

POINT ② 相手の意見を受け入れた後、「ですが」と切り出します。この場合、相手からの「価格が高い」という意見に対し、実際は「高くても売れている」事実を提示。感情で対処するのではなく、説得力があるのは事実や数値を述べることです。

POINT ③ 「と言いますのも」と先に述べた反論の理由を具体的に述べます。
ここでは、「価格が高い」と言われるが、「確実な納期」と「安定した品質」により結果的に余計な費用がかからない分、安いと評価されている点をアピール。ほかの顧客からの意見や評価も、相手を説得する材料になります。

反論の基本フレーズ

おっしゃるとおりです。ただ（ですが、しかし）

○○さんのおっしゃるとおりです。
ただ、～という考え方もあります。

II……ビジネスメールの文例とフレーズ

　反論や意見を言うときは、「ですが」「しかし」と切り出すより、「おっしゃるとおりですね」と相手の言い分をまずは聞き入れ、「ただ、〜という考え方もあります」と意見を述べると相手も負の感情は持ちません。

確かに

確かに一理ありますが、
こういう考えもあるのではないですか。

「おっしゃるとおりです」と同様、相手の意見を受け入れる際のフレーズ。

なるほど

なるほど、○○さんのご意見はごもっともですが、
私はこのように考えます。

「おっしゃるとおりです」と同様、相手の意見に納得し、受け入れる際のフレーズ。

ごもっとも

● おっしゃることはごもっともですが、
　詳細な打ち合わせが必要ではないでしょうか。
● おっしゃることはごもっともです。
　しかしながら、詳細な打ち合わせも必要と考えます。

★ 基本

1 感謝

2 気遣い

3 おわび

4 依頼

5 打診

6 確認

7 質問

8 返答

9 承諾

10 拒否・
　 辞退

11 禁止・
　 否定

12 可能・
　 肯定

13 反論

14 かわす・
　 回避

15 指摘・
　 助言

16 提案

17 称賛

133

「ごもっともですが」の後に「〜ではないでしょうか」と結ぶことにより、相手の意見を受け入れつつ、自分の意見や提案を述べます。「〜はごもっともです。しかしながら」という言い方もあります。

お言葉を返すようですが

お言葉を返すようですが、
それは誤解ではないでしょうか。

反論を述べる前に添えるフレーズ。ただ、このフレーズ自体が反論を意味するので、後に続く言葉を慎重に選んで対応を。結びの言葉は「です」と言い切らず、「ではないでしょうか」と問いかける形にすると文章が和らぎます。

大変失礼とは存じますが

大変失礼とは存じますが、
別の方法を検討してもよいのではないでしょうか。

相手に反論することに対し、断りを入れるフレーズ。文章の結びは言い切らず、「〜ではないでしょうか」と問いかける形にします。

134

II ……ビジネスメールの文例とフレーズ

そういう考え方もありますが

確かにそういう考え方もありますが、他にも改善の余地がある
のではないでしょうか。

「それは違います」と相手を否定するのではなく、相手の意
向を受けつつ別の考えを提案する際のフレーズ。

申し上げにくいのですが

大変申し上げにくいのですが、
私は○○さんの意見には同意しかねます。

　異論や反論を切り出す際に添えるフレーズ。文章の結びは
言い切らずに婉曲な言葉を選びます。

できる人は反論もうまい！
　一方的に否定されるとカチンときますが、だからといって
感情的なメールを返してしまうと、互いにヒートアップして
取り返しのつかないことになります。以下の3点に気をつけ
て、メールでも冷静に対処しましょう。

- 相手の意見を先に認めつつ、その後、自分の考えを伝える。
- 感情論ではなく、客観的な視点で意見を述べる。
- 相手が感情的に意見してきても感情で応戦せず、冷静に相
  手の言い分、自分の言い分を整理して書く。

★ 基本
1 感謝
2 気遣い
3 おわび
4 依頼
5 打診
6 確認
7 質問
8 返答
9 承諾
10 拒否・辞退
11 禁止・否定
12 可能・肯定
13 反論
14 かわす・回避
15 指摘・助言
16 提案
17 称賛

135

14 かわす・回避の文例とフレーズ

過度の干渉をしてくる相手には、感情的にならず相手の存在を認めたうえで、相手を不快にしないようにかわし、黙って見守ってほしい旨をやんわりと伝えます。

相手からの干渉をかわす

件名:○○の件へのご助言、ありがとうございます。

○○株式会社
佐藤様

お世話になります。
メルイチ商事制作部の鈴木です。

○○の件ではお気遣いいただきありがとうございます。

スタッフとも十分協議を重ね、
△△の制作も順調に進んでおりますので、
ご心配には及びません。

今後も万全を期し、　　　　　　　　　　POINT
完成に向けて作業を進めてまいります。
制作に関しては、当方にご一任いただければと存じます。

それでは
今後ともどうぞよろしくお願いいたします。

POINT　一方的に相手の関与・干渉を拒むのではなく、相手の存在を認めたうえで「任せてください」「何かあったときには相談させてください」という気持ちを伝えると角が立ちません。

Ⅱ······ビジネスメールの文例とフレーズ

かわす・回避の基本フレーズ

お気遣いいただき

● お気遣いいただき、ありがとうございます。
● ご心配いただき、痛み入ります。

　相手からの干渉も「お気遣い」という言葉に代えて返せば、角が立ちません。「ご心配いただき」とも言いかえができます。「お気遣い」は「ご助言」や「アドバイス」に置きかえてもよいでしょう。

ご心配には及びません

OK▶ 予備を十分用意しておりますので、
　　　ご心配にはおよびません。
NG▶ 予備がありますから、余計な心配しないでください。

　相手の不安な様子を察した場合は、すでに対策を取っているので、心配は要らない旨を伝えるフレーズ。相手に安心感を与えます。

ご安心ください

おかげさまで○○の制作も
順調に進んでおりますので、ご安心ください。

「ご心配には及びません」と同意。

★ 基本
1 感謝
2 気遣い
3 おわび
4 依頼
5 打診
6 確認
7 質問
8 返答
9 承諾
10 拒否・辞退
11 禁止・否定
12 可能・肯定
13 反論
14 かわす・回避
15 指摘・助言
16 提案
17 称賛

137

お任せください　ご一任ください

- 責任を持って最後まで担当しますので、どうぞお任せください。
- 制作に関しては私どもにどうかご一任ください。

「あれこれ口を出さずに、黙って見ていてください」という
意志を伝える際のフレーズ。

かわす・回避の NG フレーズ

✕ 余計なお世話です

NG▶ 余計なお世話はやめてください。
OK▶ わからないときはご指示いただけますか。

「わかっていますから」「余計なお世話です」と突っぱねず、
スマートに相手をかわすなら、「困ったときは助けてくださ
い」と相手の存在を認め、いざというときは頼りにしている
という気持ちを伝えておきましょう。

15 指摘・助言の文例とフレーズ

指摘や助言をするときは、相手を否定したり責めたりせず、
現状を評価・把握したうえで具体的に問題点を伝えます。
いきなりではなく、段階を踏むことがポイントです。

上司に意見する

> **件名：△△の件について**
>
> 田中部長
>
> 業務推進部の渡辺です。
>
> 先般、問題になっております△△について　　　POINT
> 僭越ながら、私の意見を申し上げます。
>
> △△の件で現場は、部長がお考えになっているより
> ずっと深刻な状況です。
> このままでは○○という事態にもなりかねません。
>
> 現在の厳しい状況を
> チーム一丸となって乗り越える覚悟で
> 業務にあたっておりますので
> なにとぞ再度、△△についてご検討をお願いする次第です。
>
> どうかよろしくお取り計らいください。

POINT　上司に対して強く意見する場合も、感情を抑え筋
道を立てて考えを述べることが重要です。自分の
立場をわきまえ、謙虚な姿勢と言葉を忘れないよ
うにしましょう。

★ 基本
1 感謝
2 気遣い
3 おわび
4 依頼
5 打診
6 確認
7 質問
8 返答
9 承諾
10 拒否・辞退
11 禁止・否定
12 可能・肯定
13 反論
14 かわす・回避
15 指摘・助言
16 提案
17 称賛

139

指摘・助言の基本フレーズ

僭越
せんえつ

僭越ながら、私の意見を申し上げます。

　身分や権限などを越えて、差し出がましいことをすること（さま）が「僭越」の意味です。上司に対して、自分の行為をへりくだって述べるときに使います。

～すれば、もっと良くなります

ここを直せば、もっと良くなります。

　修正や改善点を指摘する際のフレーズ。単に問題点を指摘するだけで終わらず、修正や改善の結果、今以上に良い状態になることを相手にイメージさせることで、モチベーションもアップします。
「もっと良くなります」以外に「申し分ありません」「完璧です」「これ以上言うことはありません」などがあります。

指摘・助言の NG フレーズ

✕間違っています　違います

NG▶ △△の内容が間違っています。
OK▶ △△の内容は□□ではないでしょうか。
　　　今一度ご確認をお願いいたします。

II ……ビジネスメールの文例とフレーズ

　相手に有無を言わさず責めるメールは反感を買うだけです。もし、後で行き違いや誤解だと判明したとき、気まずい思いだけが残ります。最初から「間違っている」と断定せず、「ご確認いただけますか」と確認してからでも遅くはありません。

✕ ～すべき

NG▶ 注意書きを掲載すべきです。

OK▶ ● 注意書きを掲載したほうがいいですね。
● 注意書きを掲載しませんか。

　頭から決めつけたり、強要する表現は、相手が抵抗感を抱きます。助言や指摘をする場合は、問いかける形で婉曲な表現に努めましょう。

✕ ～のはず

NG▶ ○○さんのほうが正しいはずです。

OK▶ ○○さんに確認してみましょう。

　根拠のない不確かなことを言い通すより、確認するほうに持っていくのが得策です。

✕ ～なければいけません

NG▶ すぐに確認しなければいけません。

OK▶ すぐに確認していただけますか。

★ 基本
1 感謝
2 気遣い
3 おわび
4 依頼
5 打診
6 確認
7 質問
8 返答
9 承諾
10 拒否・辞退
11 禁止・否定
12 可能・肯定
13 反論
14 かわす・回避
15 指摘・助言
16 提案
17 称賛

141

「〜すべき」「〜のはず」と並ぶ決めつけ・強要フレーズ。助言や指摘の際に使うと高圧的な印象を与えるので注意が必要です。

✕〜いいんじゃない

NG▶ とりあえず、やってみれば<u>いいんじゃない</u>ですか。
OK▶ <u>するだけの価値はある</u>と思います。
NG▶ それで<u>いいんじゃない</u>の。
OK▶ <u>そちらがいい</u>と思います。

面倒くさい、どうでもいいというニュアンスが漂うフレーズ。方向性を示し、具体的な言い方にすると、相手の気持ちにもダイレクトに伝わります。

指摘の後のフォロー

最初にほめておいて、「でも」「ただ」と指摘するより、最初に問題点を指摘してから、後で良かった点を言うほうが相手は受け入れやすいです。

- Bの図が目立たないので、修正をお願いします。
  図の修正以外は色使いにもメリハリがあり、
  とてもいいです。
- 結論がわかりづらいので、
  もう少し詳しく書いてみましょうか。
  その点だけ修正すれば、文章が全体的にわかりやすく、
  うまくまとまっています。

16 提案の文例とフレーズ

不利な状況でもあきらめず、マイナス要素をプラスに変えるポジティブ思考で対処を。現状をより良くする新たな視点での提案が功を奏します。

改善提案

件名：新業務管理システム構築についての提案

田中部長

情報処理課の渡辺です。

新業務管理システム構築について
ご提案申し上げます。

現在使用している業務管理システムは、　　　　POINT①
各部門間の対応に無駄が多く、
事務処理上の能率にも著しい低下が見られるのが
現状です。

そこで、　　　　　　　　　　　　　　　　POINT②
部門間でやりとりされる各書式の統一を図り、
処理の効率化を進めるため、
現行の業務管理システムの見直しを行いました。

その結果を添付の　　　　　　　　　　　　POINT③
「新システム構築による改善案」にまとめています。

新業務管理システム構築により
これまで以上にコスト削減が可能と考えます。

今後の円滑な事務処理のため、
導入のご検討をお願いいたします。

★ 基本
1 感謝
2 気遣い
3 おわび
4 依頼
5 打診
6 確認
7 質問
8 返答
9 承諾
10 拒否・辞退
11 禁止・否定
12 可能・肯定
13 反論
14 かわす・回避
15 指摘・助言
16 提案
17 称賛

143

POINT ① **現状**：まず、現在の状況や問題点を簡潔に伝える。

POINT ② **改善点**：現状を踏まえ、どのような点に留意して改善を図るかを述べる。

POINT ③ **提案**：現状の問題点を解決するための提案を行う。以上の3つのステップで段階的に提案を行います。具体的な提案内容については、ここでは詳しく触れず、別紙に提案書としてまとめ、添付します。

提案の基本フレーズ

これまで以上に～です

このたびのプロジェクトメンバーに
○○が参加することで、
これまで以上に万全な体制が構築できます。

　既存の方法や状態に何かを付加したり、改善することを提案する際のフレーズ。「今以上に良くなる」という状態を示すときに使います。「さらに～です」と言いかえもできます。

～みてはいかがでしょうか

1つの案として、
○○を始めてみてはいかがでしょうか。

　別の観点から「こうしたらいいのでは」という意見や考えを述べるときのフレーズ。「それは違うと思います」と最初から相手を否定・批判すると意見が通しにくくなります。

17 称賛の文例とフレーズ

上司が部下をほめることはありますが、部下から上司へは
ほめ言葉ではなく感謝の気持ちを伝えることが先決です。
自分と相手の立場を踏まえ、言葉を選びましょう。

部下から上司への称賛

件名：会議用の資料の件

田中課長

業務管理部の渡辺です。

昨日は△△についてご指導いただき
ありがとうございます。

おかげさまで、これまで滞りがちだった　　　POINT
集計作業が短時間で処理できるようになりました。

今後ともどうぞよろしくお願いいたします。

取り急ぎお礼まで。

POINT　上司から教えや指示を受ける立場にある部下が上
司を「ほめる」のは失礼に当たります。「ほめる」
よりも、まずは感謝の気持ちを伝えることが先決。
さらに、上司の指導や力添えにより、どのような
成果や利点があったかを具体的に伝えるほうが喜
ばれます。この場合は「集計作業の効率化」が成
果として挙げられます。

★ 基本
1 感謝
2 気遣い
3 おわび
4 依頼
5 打診
6 確認
7 質問
8 返答
9 承諾
10 拒否・辞退
11 禁止・否定
12 可能・肯定
13 反論
14 かわす・回避
15 指摘・助言
16 提案
17 称賛

上司へはほめ言葉より感謝を！

NG▶ 田中課長は教え方がお上手ですね。

OK▶ ● 田中課長、わかりやすく教えていただき、
　　　　ありがとうございました。

　　　● そのような方法があるのですね。勉強になりました。

　上司から教えを受ける立場にある部下が上司を「ほめる」
のは失礼に当たります。上司自身ではなく、上司の行為に対
して「感謝」の気持ち伝えるほうが表現としては適切です。
「お上手ですね」は上司に媚びて持ち上げている印象があり
ますが、素直に「ありがとうございます」と伝えれば、言わ
れたほうもうれしいものです。

　上司が部下をほめる場合は「田中さんは教え方がうまいね」
として問題ありません。

取り扱い注意の「さすが」

「さすが」は目上の人からかける言葉であり、目下の者が目
上の相手を評して「さすが」と言うのは避けましょう。

●上司から部下へ

　さすが、小川さんですね。処理が早くて正確です。

●部下から上司へ

　おかげさまで早く処理できました。ありがとうございます。

Ⅱ……ビジネスメールの文例とフレーズ

称賛の NG フレーズ

✕全然

NG▶ 全然いいです。
OK▶ とてもいいです。
NG▶ 全然だいじょうぶです。
OK▶ まったく問題ありません。

通常、「全然」の後には「～ない」などの打ち消しの言葉や「だめ」のような否定的な語が来ることで「まったく、まるきり、まるで」という意味を表します。しかし、話し言葉で「全然」を単独で使用し「非常に、とても」を表すこともあります。

ただ「全然」の後に続く言葉によっては、違和感を覚えることも多いので注意が必要。ビジネスメールでは「全然いい」「全然 OK」「全然だいじょうぶ」という表現は避けましょう。

✕すごい

NG▶ すごい高い建物ですね。
OK▶ とても高い建物ですね。

「すごい」はもともと形容詞で、程度や状態がはなはだしいことを表すときに使われます。それに対して、「すごく」は「すごい」の連用形です。

★ 基本
1 感謝
2 気遣い
3 おわび
4 依頼
5 打診
6 確認
7 質問
8 返答
9 承諾
10 拒否・辞退
11 禁止・否定
12 可能・肯定
13 反論
14 かわす・回避
15 指摘・助言
16 提案
17 称賛

147

- 後ろに名詞がくるときは「すごい」
  例）すごい映画　すごい人気
- 形容詞などがくるときは「すごく」
  例）すごくかわいい　すごく高い

✕すごいですね

NG▶ ロシア語も堪能とは、<u>すごいですね</u>。
OK▶ ロシア語も堪能とは、<u>素晴らしいですね</u>。

　相手を賞賛する場合に「すごいですね」を連発するのも考えもの。「すごいですね」に代わる表現として「素晴らしいですね」「驚きました」「お見事ですね」「圧倒されました」があります。

✕お上手ですね

NG▶ 部長はゴルフが<u>お上手ですね</u>。
OK▶ ● <u>フォームがキレイですね</u>。
　　　　● 部長のゴルフの<u>腕前には感服しました</u>。

　「お上手ですね」と目下の者が目上の相手に言うのは相手を評価することになり、失礼です。
　目上の相手の手腕や技術から受けた印象や感情を伝えるようにすると良いでしょう。
　どんな点が素晴らしいと思ったか、どのようなところが勉強になったか、具体的に挙げて伝えると効果的です。

II······ビジネスメールの文例とフレーズ

上司から部下への称賛フレーズ

頼りにしています

○○さんがリーダーと聞き、頼りにしています。

上司が部下に対して「頼みにしている」ことを表すフレーズ。期待をかけることは、相手への信頼の表れでもあり、ほめ言葉といえます。

期待しています

○○プロジェクトでは手腕を発揮してくれると
期待しています。

「頼りにしています」同様、部下への期待感を表すフレーズ。信頼を寄せる表現は、間接的なほめ言葉となります。

お願いして良かった

○○さんにお願いして良かったです。

予想や期待を裏切らず、良い成果を出した部下を称賛するフレーズ。「良かったです」の代わりに「正解でした」「間違いありませんでした」もあります。

★ 基本

1 感謝

2 気遣い

3 おわび

4 依頼

5 打診

6 確認

7 質問

8 返答

9 承諾

10 拒否・
　　辞退

11 禁止・
　　否定

12 可能・
　　肯定

13 反論

14 かわす・
　　回避

15 指摘・
　　助言

16 提案

17 称賛

149

助かりました

○○さんが対応してくれたおかげで、
早く処理できて助かりました。

　相手の労力に対して感謝の意を伝えるフレーズ。主に上司が部下に対して使います。

上司からほめられたときは素直にお礼を言おう

NG▶ ほめていただくほど、たいしたことではありません。
OK▶ ありがとうございます。これからも精進します。

18 遠慮・謙そんの文例とフレーズ

誰に対しても謙虚な姿勢で対応することは大切ですが、行き過ぎた謙そんはかえって慇懃無礼な印象を与え、逆効果になることも。素直に受け入れる気持ちも必要です。

指名への謙そん（すぐに結論を出せない場合）

件名：△△管理グループのリーダーご指名の件

田中部長

営業二課の渡辺です。
先日、お話をいただいた件ですが
まだ、結論が出せずにいます。

この度新設される
△△管理グループのリーダーに推していただき、
大変ありがたく思っています。

しかしながら、入社3年目の私が
そのような責任ある役割を務めるのは
とんでもないことという気がしてなりません。

△△業務についても力不足で、もっと現場で経験を積む
必要を感じています。

恐れ入りますが、今しばらく　　　　　　　　　　POINT
考える時間を与えていただけないでしょうか。
X日までにはご返事申し上げます。

取り急ぎご連絡まで。

---

18 遠慮・謙そん

19 催促・督促

20 紹介

21 案内・勧誘

22 参考

23 報告

24 連絡・お知らせ

25 相談

26 転職・退職

27 休職

28 暑中・残暑見舞い

29 年末のあいさつ

30 年始のあいさつ

31 贈答

32 お祝い

33 異動

POINT　即答できない場合は、検討する時間を要することを伝え、いつまでには結論を出すか、相手にきちんと伝えます。気が進まない場合でも、うやむやにせず対処することが大切です。

遠慮・謙そんの基本フレーズ

とんでもない

● お返しをいただくなんて、<u>とんでもない</u>ことです。
● いいえ、<u>とんでもない</u>です。
　こちらこそ失礼いたしました。

「とんでもない」は「ない」も含めて、これひと言で形容詞です。ですから、「とんでもありません」ではなく「とんでもないです」「とんでもないことです」と表すのが適切です。
　ただし、一般的には「とんでもありません」を違和感なく使っている人も多いことから、平成19年2月に発表された文化庁「敬語の指針」では、「ほめられたことに対し、謙そんして否定する場合の言い方としては、問題ない」とされています。

めっそうもない

● 当然のことをしたまでで、
　お礼をいただくなんて<u>めっそうもない</u>ことです。
● 私が部長の代役を務めるなんて<u>めっそうもない</u>ことです。

「とんでもない」と同意のフレーズ。人からほめられたり、評価されたときに「そんなことはありません」と謙そんし、打ち消すときに使います。

お互いさま

困ったときはお互いさまですから、
気になさらないでください。

相手と同じ立場にあることを伝えるフレーズ。「とんでもない」「めっそうもない」と言う場面にも使える、相手を思いやる言葉でもあります。

恐れ入ります

- お時間を取っていただき、恐れ入ります。
- データが添付されていないようですので、
  恐れ入りますが、再度送信をお願いいたします。

相手に対して恐縮する気持ちを表すフレーズ。

痛み入ります

ご配慮いただき、痛み入ります。

相手の親切や好意、心遣いに恐縮する気持ちを伝えるフレーズ。「恐れ入ります」に代わる言葉ですが、自分にはもったいないことであると強く謙そんする気持ちを伝える表現です。

18 遠慮・
   謙そん

19 催促・
   督促

20 紹介

21 案内・
   勧誘

22 参考

23 報告

24 連絡・
   お知らせ

25 相談

26 転職・
   退職

27 休職

28 暑中・
   残暑
   見舞い

29 年末の
   あいさつ

30 年始の
   あいさつ

31 贈答

32 お祝い

33 異動

勝手な

- 勝手なお願いで恐縮ですが、
  ご連絡をお願いできますでしょうか。
- 大変勝手ながら、当方の都合を先にお知らせしますと…

　こちらの都合ですることを申し訳なく思う気持ちを伝えるときに使うフレーズ。「勝手ながら」「勝手なお願い」「勝手を申しますが」など、幅広く使える表現です。

遠慮・謙そんの NG フレーズ

✗つまらないものですが

NG▶ つまらないものですが、お召し上がりください。
OK▶ 心ばかりのものですが、召し上がってください。

　人に物を贈るときは、相手に好印象を与える言いまわしを使いましょう。「つまらないもの」を贈られてうれしい人はいません。

✗たいしたことはありません

NG▶ それほどたいしたことはありません。
OK▶ ありがとうございます。光栄です。

　ほめられたときも謙そんするより、素直に「ありがとうございます」と言うほうが好印象を与えます。

Ⅱ ……ビジネスメールの文例とフレーズ

✕ 役不足

NG▶ そのような責任あるポジションに私では役不足です。

OK▶ そのような責任あるポジションに私では力不足です。

「役不足」とは、本人の力量に対して役目が軽すぎることを意味します。「役不足＝荷が重い、能力が足りない」と意味を取り違え、謙そんする際の表現として使っているケースがあるので、注意しましょう。

「役不足」の正しい使い方

彼の実力からすると、そのポジションは
役不足ではないでしょうか。

18 遠慮・
　 謙そん

19 催促・
　 督促

20 紹介

21 案内・
　 勧誘

22 参考

23 報告

24 連絡・
　 お知らせ

25 相談

26 転職・
　 退職

27 休職

28 暑中・
　 残暑
　 見舞い

29 年末の
　 あいさつ

30 年始の
　 あいさつ

31 贈答

32 お祝い

33 異動

155

19 催促・督促の文例とフレーズ

言い出しにくい催促や督促は、最初から決めつけや責め口調にならないように注意。感情的にならないよう、段階を追って確認しながら進めることがポイントです。

未入金への督促

件名：◇◇の制作費請求について　　　　　POINT①

○○企画
佐藤様

いつもお世話になります。
メルイチ工房の鈴木です。

この度ご依頼をいただいた　　　　　　　　POINT②
◇◇の制作費についての確認ですが、
X月X日付にてお送りした請求書は
お手元に届いておりますでしょうか。

本日の時点で、ご送金が確認できていないため
今一度、請求書についてご確認をお願いする次第です。
恐れ入りますが、ご対応のほど、
よろしくお願いいたします。

本メールと行き違いで
もし、すでにご送金済みでしたら、
失礼をお許しください。

取り急ぎご連絡まで。

POINT ① 件名で具体的に確認したい内容を挙げます。

POINT ② 「◇◇の制作費」「X月X日付」など、案件や日時を具体的に記述します。

156

II……ビジネスメールの文例とフレーズ

催促・督促の基本フレーズ

確認ですが

一点確認ですが、○月○日にお送りした請求書は
お手元に届いておりますでしょうか？

　請求書を送ったのに入金がないというケースでは、まず
メールで確認を。「こちらの手違いで届いていないかもしれ
ないので」という姿勢で、打診してみます。

お手元に届いておりますでしょうか

△月△日付で請求書をお送りしたのですが、
お手元に届いておりますでしょうか。

　実際に相手に届いていないことも考えられるので、支払っ
ているかいないかを問い詰めるのではなく、請求書が届いて
いるかどうかという事実を確認することが重要。

ご確認をお願いします

恐れ入りますが、○月○日にお送りした
請求書のご入金がまだのようですので、
ご確認をお願いします。

　ポイントはあくまで「確認」をお願いするという姿勢です。
入金がないのは故意にではなく、相手の手違いという可能性
もあるからです。

18 遠慮・
　　謙そん

19 催促・
　　督促

20 紹介

21 案内・
　　勧誘

22 参考

23 報告

24 連絡・
　　お知らせ

25 相談

26 転職・
　　退職

27 休職

28 暑中・
　　残暑
　　見舞い

29 年末の
　　あいさつ

30 年始の
　　あいさつ

31 贈答

32 お祝い

33 異動

157

催促の2ステップ

①**状況確認**：支払いに限らず仕事の催促などでも、まずは相手の状況確認から始めます。

②**期限を提示**：相手の状況を打診した後、具体的な提出期限を示せば、ずるずると引き延ばされる事態を食い止めることができます。

---

① 先日依頼した原稿の<u>進行状況はいかがでしょうか</u>？

② ● <u>○日までに</u>ご提出をお願いできますか。

　● <u>日時をご指定</u>くだされば、受け取りにまいります。

　場合によっては「ご提出いただきますようお願いいたします」と強く言い切るほうが効果的なこともあります。

貸した相手に返却を求めるテクニック

　人に物を貸している場合、「返して！」とは直接言いにくいものです。相手が借りたことを忘れていることもあるので、必要になったことを理由に問いかけてみます。返却の期日を指定すると返却率も上がります。

●先日、お貸しした資料ですが、<u>必要となりましたので</u>、ご返却いただけないでしょうか。

●貸し出し中の書籍ですが、<u>○月○日までに</u>ご返却いただきますようお願いいたします。

●お貸ししている CD を<u>来週中</u>にお持ちいただけますか。

II……ビジネスメールの文例とフレーズ

立て替えたお金の返金を求めるメール

> おとといの食事代の立て替え分ですが、
> 明日お会いするときにお願いしていいですか？

　知り合い同士で食事代やタクシー代などを立て替えた後、相手が返金を忘れているような場合は、上記の例文のようにやんわりと期日を指定します。

> 先日の食事代ですが、今度、ご馳走してもらうということで相殺にしましょうか。

　あるいは上記のように相殺の提案を投げかけてみるのも1つの方法です。

　いずれにせよ、直接、相手に聞きにくいことは、間接的に打診する言葉を投げかけ、相手が気づくように仕向けます。直球で攻めずにカーブで打診するのがコツです。

催促・督促のNGフレーズ

✕ まだ支払われていません

NG▶ まだ支払われていませんが、入金はどうなってますか。
OK▶ ○月○日の時点でご入金いただいていないようです。
　　　恐れ入りますが、再度ご確認をお願いいたします。

18 遠慮・謙そん

19 催促・督促

20 紹介

21 案内・勧誘

22 参考

23 報告

24 連絡・お知らせ

25 相談

26 転職・退職

27 休職

28 暑中・残暑見舞い

29 年末のあいさつ

30 年始のあいさつ

31 贈答

32 お祝い

33 異動

159

頭から決めつけた攻撃的なメールは、もし、後で行き違い
や誤解だと判明したとき、気まずい思いだけが残ります。「支
払われていません」と相手を責める前に「ご確認いただけま
すか」と打診するところから始めましょう。

振り込みの催促

　振り込みがない、という状況に直面すれば、支払いの催促
は当然の行為ですが、一方的な抗議口調は考えものです。

> **NG▶**
> 先月分のお支払いの件ですが、
> その後、どうなりましたでしょうか。
> 当方、今月はあれこれと支払いが重なっていますので、
> なるべく早くお振り込みいただけると助かるのですが。
> よろしくお願いいたします。

　振り込みの確認だけに終わらず、支払いが重なっていると
いう自分の都合を書き、それで相手を責めてしまっています。

> **OK▶**
> 前回、お振り込みいただきましてから
> 次のご入金が確認できておりません。
> 恐れ入りますが、次回のお振込日を
> お知らせいただけますでしょうか。

　相手の事情もかんがみ、まずはメールで状況確認を。自分
が支払う立場で、すでに支払いの意思と準備があった場合、
相手の都合で責め立てられるのは不愉快なものです。
　相手を責めるのではなく、入金が遅れている事実のみ伝え
るようにしましょう。

160

20 紹介の文例とフレーズ

人や会社を紹介する際は、双方が互いのことを理解できるように必要な情報を提供し、責任を持って間を取り持つことを心がけましょう。

紹介の打診

> **件名：メールマガジン編集業務の依頼について**
>
> ○○工房
> 佐藤様
>
> お世話になります。
> メルイチ企画の鈴木です。
>
> 現在、オウンドメディアによる情報発信を
> 検討している客先があります。
>
> コンテンツ制作をサポートしてくれる　　　　　POINT①
> 外注先を探しているとのことで
> 佐藤さんをご紹介したいのですがいかがでしょうか。
>
> 差し支えなければ、先方をお引き合わせいたしますので
> ぜひご検討をお願いします。　　　　　　　　POINT②

POINT ① 人と人をつなぐ場合、両者に誤解なく話が通じるように、どんな要望があり、何を依頼したいのか、依頼内容を具体的に伝えます。

POINT ② あくまで紹介についての打診なので、引き受けるかどうかの判断は相手にゆだね、無理強いはしないように。

---

18 遠慮・謙そん

19 催促・督促

20 紹介

21 案内・勧誘

22 参考

23 報告

24 連絡・お知らせ

25 相談

26 転職・退職

27 休職

28 暑中・残暑見舞い

29 年末のあいさつ

30 年始のあいさつ

31 贈答

32 お祝い

33 異動

紹介の基本フレーズ

差し支えなければ

もし、差し支えなければ、ご紹介いたします。

　物事を行ううえで、都合の悪い事情がないかどうかを打診する際のフレーズ。人を紹介する際は、まず相手の意思を確認することが先決です。「もし、よろしければ」と相手の意向を尊重しながら、話を進めていきます。

お引き合わせ

● 近日中にお引き合わせしたいので、
　ご都合をお知らせください。
● Ａ社の○○様にお引き合わせいただけないでしょうか。

　実際に間に入って人と人を紹介する際に使うフレーズ。人に紹介を頼むときは「お引き合わせいただく」「お引き合わせ願う」を使います。

橋渡し

Ａ社とＢ社の橋渡しができて、私もうれしく思っています。

　両者の間に入って、仲を取り持つことを意味するフレーズ。「ご紹介」や「お引き合わせ」に代わる表現。

Ⅱ……ビジネスメールの文例とフレーズ

紹介のお礼フレーズ

ご紹介いただき

○○様をご紹介いただき、ありがとうございます。

人から紹介を受けたことを伝えるフレーズ。

お口添え

ひとえに○○様のお口添えのおかげと、
心よりお礼申し上げます。

「口添え」とは、他の人の依頼や交渉に言葉を添えて取り持つことです。人と人の間を取り持つときに「紹介」に代わるフレーズ。

ご縁をいただき

● ○○様からＡ社とのご縁をいただき、
　良いお付き合いが続いています。
● 残念ながら商談には至らなかったのですが、
　○○様とのご縁ができ、ありがたく思っています。

　紹介された相手との関係を報告するときに使うフレーズ。人と人のつながりを端的に表す言葉が「縁」。その美化語が「ご縁」です。

18	遠慮・謙そん
19	催促・督促
20	紹介
21	案内・勧誘
22	参考
23	報告
24	連絡・お知らせ
25	相談
26	転職・退職
27	休職
28	暑中・残暑見舞い
29	年末のあいさつ
30	年始のあいさつ
31	贈答
32	お祝い
33	異動

163

紹介のお礼

件名：制作会社ご紹介のお礼

○○株式会社
佐藤様

お世話になります。
メルイチ企画の鈴木です。

先日は、Ａ社をご紹介いただき、ありがとうございました。
おかげさまで早速、
ＸＸ制作の具体的な打ち合わせをしたところです。　　　POINT

佐藤様のお口添えのおかげで良いご縁をいただきましたので、精いっぱい対応いたします。

今後ともどうぞよろしくお願い申し上げます。

POINT　　紹介を依頼した場合、紹介を受けた場合、いずれも中に立って橋渡しをしてくれた相手に必ずお礼の言葉を伝えるのが礼儀。経過報告も忘れずに。

紹介のNGフレーズ

✕ ご紹介させていただきます

NG▶ 会員企業の中からA社の田中様を<u>ご紹介させていただきます</u>。
OK▶ 会員企業の中からA社の田中さんを<u>ご紹介いたします</u>。

「紹介」という行為自体は相手に許可を得てすることではないので、この場合は「〜させていただきます」は不要。

164

21 案内・勧誘の文例とフレーズ

会や催しの案内には、目的・日時・場所・問い合わせ先を明記し、受け入れ態勢を整えます。相手に強要せず、押しつけがましくない表現を心がけましょう。

セミナーの案内

件名：業績アップセミナーのご案内

○○株式会社
佐藤様

お世話になります。
メルイチ企画の鈴木です。

弊社主催の業績アップセミナーについてご案内いたします。

> 講師に□□様をお迎えし、　　　　　　　　POINT①
> 経営者および管理職の皆様を対象に
> ○○に特化した有益な内容のセミナーを
> 企画いたしました。

この機会にぜひ、ご出席いただければと存じます。

　　■内容　：業績アップセミナー（講師：□□）
　　■日時　：Ｘ月Ｘ日（Ｘ曜日）　14：30 ～
　　■場所　：弊社２階　会議室
　　■会費　：無料

> お手数ではございますが、Ｘ月ＸＸ日（Ｘ）までに　POINT②
> 下記フォームにて出欠のご連絡をお願いいたします。

18 遠慮・
　　謙そん

19 催促・
　　督促

20 紹介

21 案内・
　　勧誘

22 参考

23 報告

24 連絡・
　　お知らせ

25 相談

26 転職・
　　退職

27 休職

28 暑中・
　　残暑
　　見舞い

29 年末の
　　あいさつ

30 年始の
　　あいさつ

31 贈答

32 お祝い

33 異動

----- 以下にご入力のうえ、コピーしてご返信ください -----

■業績アップセミナーに
　　○出席します　　　　　○欠席します
■電話番号：
■社名：
■お名前：
■メールアドレス：

ご不明な点などがございましたら、企画部鈴木まで、
ご連絡ください。　　　　　　　　　　　POINT③

メルイチ企画
企画部　鈴木
TEL：XX-XXX-XXX
mail: △△@ XXXX.com

POINT① セミナーなどの催し物やイベントの案内は、どの
ような内容かひと目でわかることが重要。必要事
項を箇条書きでまとめるとわかりやすいです。日
時や場所のほか、参加費、講師名、場合によって
は会場の住所なども記載します。

POINT② 出欠の連絡フォームには参加（申し込み）期日を
添えておくと、返信率がアップします。

POINT③ 署名とは別に、問い合わせ先も必ず明記。連絡が
すぐできるように電話番号、メールアドレスも記
載します。

II……ビジネスメールの文例とフレーズ

案内・勧誘の基本フレーズ

ご案内いたします

下記のとおり、新作発表会についてご案内いたします。

案内メールを送るときの基本フレーズ。さらに丁寧な言いまわしとして「ご案内申し上げます」もあります。

〜のご案内です

会員限定の勉強会のご案内です。

会合やイベントなどを告知する際に「〜のお知らせです」に代わるフレーズとして「〜のご案内です」があります。

ご一緒にいかがですか

○○の新作発表会があるのですが、ご一緒にいかがですか。

相手に一緒に行くことを呼びかけるフレーズ。目上、目下にかかわらず感じのよい印象を与えるひと言です。

「ご丁寧なご案内」の「ご」

NG▶ ご丁寧なご案内をいただき、ありがとうございました。
OK▶ 丁寧なご案内をいただき、ありがとうございました。

二重敬語ではないのですが、1つのフレーズに「ご」が続くと、くどく感じられることがあります。

18 遠慮・
　　謙そん

19 催促・
　　督促

20 紹介

21 案内・
　　勧誘

22 参考

23 報告

24 連絡・
　　お知らせ

25 相談

26 転職・
　　退職

27 休職

28 暑中・
　　残暑
　　見舞い

29 年末の
　　あいさつ

30 年始の
　　あいさつ

31 贈答

32 お祝い

33 異動

167

敬語の「ご」や「お」が続く場合は、<u>後のほうの言葉に敬語表現を用いるのが１つの目安</u>です。

～いただけるとうれしいです

少人数の勉強会ですが、
ご参加<u>いただけるとうれしいです</u>。

　少々強引な印象を与える「参加してください」を婉曲にした言いまわし。歓迎します、という意が伝わります。

案内の変更メール

今回の定例会は開催場所が変わりますので、
ご注意ください。

「場所が変わるので、間違えないでくださいね」ということを伝えたい場合、「ご注意ください」と結ぶと読み手の印象に残ります。
　単に「場所が変わりますので、よろしくお願いいたします」でも意味は通じますが、「ご注意ください」が相手の注意を引きつけるのです。もう少し改まった文章にするのであれば「お間違えのないようお願いします」という書き方もあります。

II ……ビジネスメールの文例とフレーズ

A より B の方法を推奨するメール

> **NG▶** ○○について、お電話での問い合わせには<u>対応できません</u>。メールでお問い合わせください。
>
> **OK▶** ○○についてのお問い合わせは
> <u>メールで承っております</u>。
> お電話での問い合わせには対応しかねますので、
> ご了承ください。

　相手に A より B の方法を推奨する場合、「A はだめなので、B にしてください」ではなく、「B にて対応します。A では対応しておりません」としましょう。

　メールは結論から先に述べるほうが、相手の記憶に残ります。推奨するほうから案内するとよいでしょう。

案内・勧誘の NG フレーズ

✕ ～がご便利です

NG▶ 会場へは JR が<u>ご便利</u>です。
OK▶ 会場へは JR を<u>ご利用になると便利</u>です。

　敬語を使うポイントを「便利」という名詞から、動詞の「利用する」に置きかえたのが上記の例文です。「ご便利」とするより、尊敬の「ご（お）～になる」を使い、「ご利用になる」とするほうが文章として収まりがよくなります。

- 18 遠慮・謙そん
- 19 催促・督促
- 20 紹介
- **21 案内・勧誘**
- 22 参考
- 23 報告
- 24 連絡・お知らせ
- 25 相談
- 26 転職・退職
- 27 休職
- 28 暑中・残暑見舞い
- 29 年末のあいさつ
- 30 年始のあいさつ
- 31 贈答
- 32 お祝い
- 33 異動

169

✕ ご一緒しませんか

NG▶ 会合の後の懇親会に部長もご一緒しませんか。

OK▶ 会合の後の懇親会に部長も（一緒に）いらっしゃいませんか。

　広く使われているフレーズですが、本来、「ご一緒する」は相手を立てる謙譲の表現。部下が上司に同行する場合は「ご一緒します」ですが、部下から上司に「一緒に行きませんか」という意味合いで呼びかける場合は「一緒にいらっしゃいませんか」が適切です。

場所の案内

初めてお越しいただく方には少々わかりにくい場所ですので、〇〇駅からの道順を示した地図にてご案内いたします。

　相手に場所を案内する際、口頭や文章の説明ではわかりづらい場合、Web サイトの地図やアクセス方法を示した URL を明記します。

22 参考の文例とフレーズ

相手に対して有益と思われる情報をすぐに知らせることができるのはメールの利点でもあります。情報をこまめにチェックし、適切な情報提供を心がけましょう。

情報提供

件名：△△改訂についての参考資料

○○株式会社
佐藤様

お世話になります。
メルイチ産業の鈴木です。

お問い合わせいただきました
△△改訂の件ですが
詳細については、 　　　　　　　　　　POINT
下記 Web サイトの△△改定表をご参照ください。

http://www.XXX.co.jp/

よろしくお願いいたします。

POINT 　長々と文章で説明するより、該当する Web サイトの URL を知らせるほうがわかりやすい場合もあります。

18 遠慮・
　　謙そん

19 催促・
　　督促

20 紹介

21 案内・
　　勧誘

22 参考

23 報告

24 連絡・
　　お知らせ

25 相談

26 転職・
　　退職

27 休職

28 暑中・
　　残暑
　　見舞い

29 年末の
　　あいさつ

30 年始の
　　あいさつ

31 贈答

32 お祝い

33 異動

171

参考の基本フレーズ

（ご）参考になさってください

今回のプロジェクトに関連する資料です。
参考になさってください。

参考情報を相手に伝える際の改まった言い方。

ご参照ください

署名の登録方法はこちらをご参照ください。

「参考」に代わるフレーズ。他のものと照らし合わせてみる
ことを意味します。

（ご）参考まで

- 興味深い記事を見つけましたので転送します。ご参考まで。
- ○○関連の情報を見つけたので、参考までにお知らせします。

情報提供の際の定番フレーズ。相手にとって有益な情報、
参考になりそうな情報を知らせるときに使います。

II……ビジネスメールの文例とフレーズ

「参考になりました」より「勉強になりました」

　参考にさせてもらったお礼を伝えるとき、「参考になりました」も間違いではないのですが、相手が「参考程度にしかならなかったのか」と受け止めることもあります。「参考になりました」より「勉強になりました」と返信すると、役に立ち身についたことが伝わります。

お役に立てば幸いです

企画を考えるうえで、この資料がお役に立てば幸いです。

「お役立てください」という気持ちを伝えるフレーズ。意味としては「参考まで」と同意。

18 遠慮・
　　謙そん

19 催促・
　　督促

20 紹介

21 案内・
　　勧誘

22 参考

23 報告

24 連絡・
　　お知らせ

25 相談

26 転職・
　　退職

27 休職

28 暑中・
　　残暑
　　見舞い

29 年末の
　　あいさつ

30 年始の
　　あいさつ

31 贈答

32 お祝い

33 異動

23 報告の文例とフレーズ

報告のメールは記録として残すという観点で、状況、対応策を簡潔にまとめて知らせます。紹介や質問に対しても結果報告を忘れずに。

報告

件名：△△様ご紹介いただいたお礼

○○株式会社
佐藤様

お世話になります。
メルイチ商事の鈴木です。

昨日、ご紹介いただいた   POINT
A社の△△様に早速ご連絡したところ、
X日に訪問させていただくことになりましたので、
ご報告いたします。

佐藤様にお口添えいただいたおかげです。
ありがとうございました。

取り急ぎ、ご報告まで。

POINT 報告の基本は「結論から先に述べる」ことです。
結果の後、経過を簡潔にまとめて知らせます。

174

Ⅱ……ビジネスメールの文例とフレーズ

報告の基本フレーズ

ご報告いたします

このたびのプレゼンの結果について<u>ご報告いたします</u>。

　自分から報告を行うときの定番フレーズ。
「ご〜いたします」は、相手に対する自分の行為をへりくだって言うときに用います。

現在、〜です

<u>現在、</u>問い合わせ中<u>です</u>。今しばらくお待ちください。

　現在の状況を知らせるそのひと手間が、相手に安心感を与え、やりとりを円滑にします。

結果報告を忘れずに！

　人や会社の紹介を受けた相手には、お礼とともに結果報告をするのが礼儀です。こと細かに報告する必要はありませんが、相手に紹介してもらった結果、どうなったかを簡潔に伝えましょう。
　質問や相談をした後もお礼と報告を兼ねたメールを送り、状況や経過を知らせると相手も安心します。

18 遠慮・
　　謙そん

19 催促・
　　督促

20 紹介

21 案内・
　　勧誘

22 参考

23 報告

24 連絡・
　　お知らせ

25 相談

26 転職・
　　退職

27 休職

28 暑中・
　　残暑
　　見舞い

29 年末の
　　あいさつ

30 年始の
　　あいさつ

31 贈答

32 お祝い

33 異動

175

- おかげさまで不明な点がわかりました。
- ○○さんに教えていただいた方法で試してみたところ、解決しました。
- 残念ながら、解決には至らなかったのですが、
  ○○さんのアドバイスはとても勉強になりました。

報告の NG フレーズ

✕つもり

NG▶ そんな<u>つもり</u>はありませんでした。
OK▶ <u>誤解を招く</u>書き方で、失礼しました。
NG▶ そんな<u>つもり</u>で言ったのではありません。
OK▶ <u>私の言葉が足りなかった</u>ようです。

「意図的にしたのではない」という意を伝えるフレーズ。責任逃れや言い訳と思われやすいので、なぜ間違いや誤解を招いたか、原因を考え、自分に非がある場合は素直に認めることです。

あいまい、遠慮がちではだめ

NG ▶ 明日までにはできる<u>かもしれません</u>。
NG ▶ 今週中に提出できる<u>と思います</u>。

「〜かもしれません」「〜と思います」は、断定を避けるときにあえて使うことのあるフレーズですが、多用していると、

不確か、逃げ腰、優柔不断な人という印象を与え兼ねません。
　あいまい、遠慮がちに書くより、ビジネスメールでは「いつ、何を、どうする」を明確に書くほうが歓迎されます。

社内の報告
　社内向けの報告メールでは、長たらしいあいさつや前置きは抜きにして、さっと本題に入るのが好ましいです。

> 木田課長
>
> 営業部の山田です。
> ○○プロジェクトの進捗をご報告いたします。

18 遠慮・
　　謙そん

19 催促・
　　督促

20 紹介

21 案内・
　　勧誘

22 参考

23 報告

24 連絡・
　　お知らせ

25 相談

26 転職・
　　退職

27 休職

28 暑中・
　　残暑
　　見舞い

29 年末の
　　あいさつ

30 年始の
　　あいさつ

31 贈答

32 お祝い

33 異動

24 連絡・お知らせの文例とフレーズ

簡単な連絡を文字で伝達できるのがメールの利点。イエス・ノーの返事、受領、確認など、こまめな返答を心がけ、相手との情報共有、意思の疎通をはかりましょう。

休みのお知らせ

件名：年末年始休業のお知らせ

○○株式会社
佐藤様

お世話になります。
メルイチ商事の鈴木です。
年末を迎え、ご多忙のところ失礼いたします。

年末年始の休業について、　　　　　　　　　　POINT
下記の通りお知らせ申し上げます。
＜年末年始休暇＞
　2018 年 12 月 X 日（X）から
　2019 年 1 月 X 日（X）まで
　・サポートセンター電話受付：12 月 XX 日
　　　　　　　　　　　　　　　午後 5 時で終了
　休業中はメールにてお問い合わせをお願いいたします。
　mail:info@XXXXX.com
　・休業中の緊急連絡先：090-XXXX-XXXX（鈴木携帯）

なお、年始は 2019 年 1 月 X 日（X）午前 10 時から
営業いたしております。

ご了承くださいますよう、よろしくお願いいたします。

178

POINT 休暇の日時がひと目でわかるように、箇条書きにして知らせる工夫を。日程の他に休業中の緊急連絡先などを添えておいてもよいでしょう。

連絡・お知らせの基本フレーズ

失礼いたします

年末を迎え、お忙しいところを<u>失礼いたします</u>。

　急な連絡や唐突なお知らせをする場合に使うフレーズ。より改まった表現としては「突然メールをお送りする失礼をお許しください」と書きます。

受領しました

○○の資料を<u>受領（いた）しました</u>。

　資料のファイルなどを受信したら、受け取ったことをひと言返しておきます。「確認しました」「受け取りました」「拝受しました」「（無事に）届きました」でもよいでしょう。

拝見しました

貴社の Web サイトを<u>拝見しました</u>。

「見させていただきました」「読ませていただきました」という言い方もあります。「拝読しました」「拝聴しました」という表現もあります。

---

18 遠慮・謙そん

19 催促・督促

20 紹介

21 案内・勧誘

22 参考

23 報告

24 連絡・お知らせ

25 相談

26 転職・退職

27 休職

28 暑中・残暑見舞い

29 年末のあいさつ

30 年始のあいさつ

31 贈答

32 お祝い

33 異動

ご査収ください

本日、ご指定の書類を送付いたしましたので、ご査収ください。

　相手に資料や書類を受け取ってもらう場合に使うフレーズ。査収とは、書類などの中身を調べて受け取ることです。

まで

- ○日までにはお送りします。
- △日まで時間を要します。

　期日、日程を明記し、その日までには何らかのアクションを起こすことを伝えます。

「まで」の解釈

「5日まで不在にします」の「まで」は5日はどちらに含まれるのか？

「〜まで」「まで〜ない」で日付や場所を指定した場合、その日付や場所を含むか否か、明確な決まりはありません。

「5日まで出張で不在ですが、6日には社にいます」と言い添えておくと、行き違いを防げます。わかりにくい場合は相手に確認しておくと間違いがありません。

休暇をとる前の連絡

　休暇でメール対応ができない場合は、不在通知メールを自動返信する設定にしたり、メールのやり取りが頻繁な相手には、休暇に入る前にその旨を通知しておきましょう。

Ⅱ······ビジネスメールの文例とフレーズ

　不在にする１週間程度前から署名に書き添え、告知するのも１つの方法です。早めの告知がポイントです。

- ○月○日〜△日まで、出張につき不在にします。
- ○月○日〜△日まで夏期休暇のため、
  メールの返信は□日以降になります。

　不在にする日程が近づいてきたら、改めて、きちんとメールで知らせることも忘れないようにしましょう。

連絡・お知らせの NG フレーズ

✗ ご連絡させていただきます

NG▶ 後ほどこちらから<u>ご連絡させていただきます</u>。
OK▶ 後ほどこちらから<u>ご連絡いたします</u>。

「させていただきます」は相手を立て、許しを得て行う行為に使われる謙譲の表現。相手の許可を得て「連絡」するわけではないので、「ご連絡いたします」「ご連絡申し上げます」として失礼にはなりません。

✗ 拝見させていただきました

NG▶ 著書を<u>拝見させていただきました</u>。
OK▶ 著書を<u>拝見しました</u>。

「拝見する」は「見る」の謙譲語で「見せていただく」という意味があるため、「させていただく」は不要です。

---

18 遠慮・
　　謙そん

19 催促・
　　督促

20 紹介

21 案内・
　　勧誘

22 参考

23 報告

24 連絡・
**　　お知らせ**

25 相談

26 転職・
　　退職

27 休職

28 暑中・
　　残暑
　　見舞い

29 年末の
　　あいさつ

30 年始の
　　あいさつ

31 贈答

32 お祝い

33 異動

181

もともと謙譲語である「拝見」に続けて使うと謙譲が重なるため、「拝見します」「拝見しました」として問題ありません。「読ませていただきました」という表現は間違いではないので OK です。

✕ やっている

NG▶ まだ、会議を<u>やっています</u>。
OK▶ まだ会議を<u>しています</u>。
NG▶ 午後 6 時まで<u>やっております</u>。
OK▶ 午後 6 時まで営業<u>しております</u>。

ビジネスメールでは、「やる」「やっている」よりも「する」「している」を使うほうが上品で丁寧な印象を与えます。

✕ 休まさせていただきます

NG▶ 明日は<u>休まさせていただきます</u>。
OK▶ 明日は<u>休ませていただきます</u>。

「させる」「せる」は、誰かに何かをさせる意味を表しており、謙譲の「いただく」とセットで使うことで、相手に許可を得るようなときに使います。使役の助動詞「させる」と「せる」が混同して使われていることが多く、この場合も「休ませて」で意味は通じるので、「休まさせて」の「さ」は不要です。

II……ビジネスメールの文例とフレーズ

✕ お休み（休業）させていただきます

NG▶ 土、日、祝日は<u>お休みさせていただきます</u>。
OK▶ 土、日、祝日は<u>休業日です（休みます）</u>。
NG▶ 明日は定休日につき、<u>休業させていただきます</u>。
OK▶ 明日は定休日のため、<u>休業いたします</u>。

　休業するのは自分の会社や店舗の都合で、客先の許可を得るものではないので、「休業させていただきます」ではなく「休業いたします」とするのが適切です。「休業日です」「休みます」としてもよいでしょう。

反応を示す

　相手からのメールを受け取ったら、その旨をまず伝え、連絡事項を簡潔に伝えます。

新商品の案内メールをお送りいただいた
御社の製品をぜひ一度、拝見したいので
商品見本をお送りいただけますか。
送付先はこちらです。
（以下、送付先住所、電話番号、受取人名）
どうぞ、よろしくお願いいたします。

---

18 遠慮・
　　謙そん

19 催促・
　　督促

20 紹介

21 案内・
　　勧誘

22 参考

23 報告

24 連絡・
　　お知らせ

25 相談

26 転職・
　　退職

27 休職

28 暑中・
　　残暑
　　見舞い

29 年末の
　　あいさつ

30 年始の
　　あいさつ

31 贈答

32 お祝い

33 異動

183

25 相談の文例とフレーズ

メールでの込み入った相談は長文になりがちで、読み手の
負担を強いるので、相手の意向を尋ねる程度にとどめるの
が得策です。

業務の相談

件名：社内報の撮影についてのご相談

○○株式会社
佐藤様

お世話になります。
メルイチ企画の鈴木です。

来週の社内報の撮影について相談がございます。 　POINT

営業企画の社員の皆様の撮影のため
７階の会議室を一時的にお借りしたいのですが、
当日は営業会議があるとのこと。

別室をお貸しいただくか、
撮影日程を変更する必要があるのですが、
いかがいたしましょうか。

撮影担当者に連絡する必要がありますので
明日 X 日中にご返事いただけるとありがたいです。

ご対応をお願いいたします。

POINT　相談の場合も、何の相談で、何をどうしてほしい
のか、結論から先に述べます。詳細は、その後か
ら補足する形で文章を展開します。

184

Ⅱ……ビジネスメールの文例とフレーズ

相談の基本フレーズ

相談がございます

今後の広報活動に関して相談がございます。

相談があることを伝えるフレーズ。件名に使う場合は「○○○○についてのご相談」とします。

～のご意見を伺う

● 今回の研究テーマについて、ご意見を伺いたいと存じます。
● ○○様のご意見をお聞かせください。

相手の意向を聞きたい旨を伝えるフレーズ。「伺う」は「聞く」の謙譲語。「お聞かせください」としてもよいでしょう。

相談に応じるフレーズ

ご相談ください

ぜひ、お気軽にご相談ください。

相手の意向を聞きたい旨を伝えるフレーズ。具体的な相談や相手からの問い合わせなどに応じることを伝えます。
その他にも「ご相談に応じます」「ご相談を承ります」という言いまわしがあります。

| 18 遠慮・謙そん |
| 19 催促・督促 |
| 20 紹介 |
| 21 案内・勧誘 |
| 22 参考 |
| 23 報告 |
| 24 連絡・お知らせ |
| 25 相談 |
| 26 転職・退職 |
| 27 休職 |
| 28 暑中・残暑見舞い |
| 29 年末のあいさつ |
| 30 年始のあいさつ |
| 31 贈答 |
| 32 お祝い |
| 33 異動 |

185

26 転職・退職の文例とフレーズ

転職・退職のあいさつに加え、自分が職場を去った後の対応や連絡先を相手にきちんと知らせることも重要です。メールによるあいさつは略儀であることも心得ておきましょう。

退職のあいさつ

件名：退職のごあいさつ

○○株式会社
佐藤様

いつもお世話になります。
メルイチ企画の鈴木です。
突然のお知らせで恐縮ですが、
○月30日付でメルイチ企画を退職することになりました。

X年間の勤務の間、
佐藤様には大変お世話になりました。
ありがとうございます。
□□のプロジェクトでは、佐藤様と仕事ができ、
大変勉強になりました。

今後の業務に関しましては、　　　　　　　POINT
同じ部署の伊藤（ito@XXXX.com）が担当いたします。

本来ならば、
直接おうかがいすべきところ、
メールでのごあいさつとなります失礼をお許しください。

今後とも、メルイチ企画との変わらぬお付き合いを、
どうぞよろしくお願い申し上げます。
最後になりましたが、貴社のご発展と
佐藤様のご活躍を心からお祈り申し上げます。

POINT　「退職すること」→「お世話になったことへの感謝」→「今後の連絡先」の順にメールを展開します。自分が退職した後も会社と客先のかかわりは続いていくので、退職後の連絡先をきちんと相手に知らせておくことが重要です。

転職・退職の基本フレーズ

○日付で〜を退職

○日付で○○（社名）を退職することになりました。

退職する旨を知らせるフレーズ。退職のあいさつメールは退職日より１週間程度早めに送信します。

本日が最終出社日

この度○○（社名）を退職することになり、本日が最終出社日となりました。

退職の旨を「最終出社日」という表現で伝える言いまわし。

〜を円満退職し

○月○日をもちまして、
○○○を円満退職し、独立することになりました。

退職した会社との関係も良好であることを伝えるフレーズ。トラブルや嫌悪な状態で職場を去ったわけではないことを伝えるときに円満退職を使います。

---

18 遠慮・謙そん
19 催促・督促
20 紹介
21 案内・勧誘
22 参考
23 報告
24 連絡・お知らせ
25 相談
26 転職・退職
27 休職
28 暑中・残暑見舞い
29 年末のあいさつ
30 年始のあいさつ
31 贈答
32 お祝い
33 異動

187

〜に転職する運びとなりました

○月○日より、食品会社に転職する運びとなりました。

　転職する旨を知らせるフレーズ。「転職」を「入社」としてもよいでしょう。

転職・退職のフレーズにプラス

➕お世話になり、ありがとうございました

3年間の勤務の間、佐藤様には
大変お世話になり、ありがとうございました。

　相手への感謝の気持ちを表すフレーズ。文頭に「○年間の勤務の間」「公私共に」などのフレーズを添え、さらに「△△さんにはお世話になり…」と相手の名前を挙げると、より感謝の意が強く伝わります。

➕改めてお礼を申し上げます

佐藤さんにはいつもご助言、ご指導をいただき、
改めてお礼を申し上げます。

　「ありがとうございました」に代わる感謝の意を伝えるフレーズ。「改めてお礼を申し上げます」の代わりに「大変勉強になりました」というフレーズもあります。

Ⅱ……ビジネスメールの文例とフレーズ

➕一緒に仕事ができて良かった

△△プロジェクトでは山本さんと
<u>一緒に仕事ができて本当に良かったです。</u>

相手とのかかわりを感謝するフレーズ。自分が退職する場合だけでなく、退職する相手へのはなむけの言葉としても活用できます。

➕後任は〜が担当いたします

今後の業務の後任は、<u>総務部の佐藤が担当いたします。</u>

退職・転職後の後任者を伝えるフレーズ。自分が職場を去っても、業務が滞りなく進む配慮として忘れずに明記しておきましょう。

基本フォーマット＋相手への個別メッセージ

退職・転職のあいさつメールは、BCC で一斉送信してしまえば楽ですが、あえて個別送信すると、より丁寧で最後まで好印象を残せます。

基本のフォーマットを 1 つ用意し、文中や文末に相手へのメッセージをひと言添えて個別に送信します。個別のメッセージは、長々と書かなくても 1 行程度で十分気持ちは伝わります。もちろん、宛名も個別に表記します。

18 遠慮・
　　謙そん

19 催促・
　　督促

20 紹介

21 案内・
　　勧誘

22 参考

23 報告

24 連絡・
　　お知らせ

25 相談

26 転職・
　　退職

27 休職

28 暑中・
　　残暑
　　見舞い

29 年末の
　　あいさつ

30 年始の
　　あいさつ

31 贈答

32 お祝い

33 異動

189

退職のあいさつ状はそう頻繁に送るものではありません。だからこそ、送る側の効率より、送る相手への感謝や敬意を伝えるためにひと手間を惜しまずに行いたいものです。

相手へのひと言メッセージ

- △△さんのおかげで、
  いつも気持ちよく仕事ができました。
- △△さんには、急なお願いや納期が短い中で
  ご対応いただき、ありがたかったです。
- 退職後は、以前から興味のあった
  ホームヘルパーの資格を取得したいと思っています。

転職後に改めてあいさつを！

　転職を知らせるメールの場合、転職先については
「新しい勤務先は○○関係です」
「転職先は以前から興味のあった△△分野の企業です」
程度に抑え、社名まで明記しなくてもよいでしょう。ケースバイケースではありますが、転職先を明記することにより、対外的に余計な憶測を呼んだり、社内的には同業他社への転職が快く思われないようなことも想定されます。

　むしろ、転職後、落ち着いてから新しい名刺を持参し、改めてあいさつに出向くほうが適切。印象にも残りやすいです。

あいさつってメールだけでいいの？

　メールによる退職・転職のあいさつは正式ではない、ということを忘れずにいましょう。本来は、実際に相手のところへ足を運び、直接あいさつするのが基本です。

II······ビジネスメールの文例とフレーズ

　メールのあいさつ文には、略儀であることを踏まえ、次のようなフレーズを添えます。

> ● メールでのごあいさつとなる失礼をお許しください。
> ● メールでご報告する失礼をお許しください。
> ● メールでのごあいさつとなり、恐縮です。

転職・退職の NG フレーズ

✕ 退職（転職）させていただきます

NG▶ 今月末をもって<u>退職させていただきます</u>。
OK▶ ● 今月末をもって<u>退職することになりました</u>。
　　　 ● 今月末をもって<u>退職することになり</u>、
　　　　お知らせする次第です。

　この場合の「させていただきます」は、へりくだった表現というよりも「何が何でも私はこの会社から去ります」という印象を与え、誤解を招く恐れがあります。「退職することになりました」とするほうが文章としては自然です。

18 遠慮・
　 謙そん

19 催促・
　 督促

20 紹介

21 案内・
　 勧誘

22 参考

23 報告

24 連絡・
　 お知らせ

25 相談

26 転職・
　 退職

27 休職

28 暑中・
　 残暑
　 見舞い

29 年末の
　 あいさつ

30 年始の
　 あいさつ

31 贈答

32 お祝い

33 異動

191

コラム　職場を去る場合のあいさつ

　優先すべきあいさつの仕方としては、対面→あいさつ状→メールといった順になります。

　お世話になった方々や客先の担当者には直接会って、退職あるいは転職の旨をお知らせするのが基本。特に客先へは、業務を引き継ぐ後任者の紹介も必要です。自分は職場を去っても、会社の取引は続いていくので、客先に不安や迷惑をかけないように配慮しましょう。

　対面であいさつをした方たちにも、退職後、改めて退職のあいさつ状を送付します。目安としては、退職後1週間以内にあいさつ状が届くように準備しておくとよいでしょう。

　メールでのあいさつは、一度でも接触のあった方にはお知らせの意味をこめて送信します。

　退職してからはかかわることはないだろうとあいさつもせずに辞めてしまう人もたまにいますが、どこでどうつながっているかわからないのが人間関係。引き際の美しい人は、去った後でも人との縁が続いていくものです。

27 休職の文例とフレーズ

長期に仕事を休む場合、相手が気になるのは自分が休職した後の対応・体制です。職場と連携し、実務面で支障がないことを説明しておきましょう。

産休・育児休暇のお知らせ

件名：出産による休職のごあいさつ

○○株式会社
佐藤様

いつもお世話になります。
メルイチ企画の鈴木です。

私事で大変恐縮ですが、 POINT①
来月から出産のため休職することになりました。

休職期間中の対応に関しましては
私に代わり、伊藤が担当いたします。

○月○日以降は、 POINT②
現在の当方のアドレスが休止されますので
伊藤のアドレスへご連絡をお願いいたします。
ito@XXXX.com

来月からしばらくの間、職場を離れますが
来年4月には現在の部署に復帰いたします。

メールでのお知らせとなり、恐縮ですが
今後とも変わらぬお付き合いのほど、
どうぞよろしくお願い申し上げます。

---

18 遠慮・謙そん

19 催促・督促

20 紹介

21 案内・勧誘

22 参考

23 報告

24 連絡・お知らせ

25 相談

26 転職・退職

27 休職

28 暑中・残暑見舞い

29 年末のあいさつ

30 年始のあいさつ

31 贈答

32 お祝い

33 異動

POINT ① 産休や育児休暇後、復帰することが決まっている場合は「出産のため」と長期休暇の理由を客先にきちんと知らせましょう。

POINT ② 自分が休職する間、業務の担当者とその連絡先を明示し、実務面での対応に支障がないことを相手に伝えます。

休職の基本フレーズ

私事で恐縮ですが

私事で大変恐縮ですが、来月から○○のため休職することになりました。

　休職することを知らせるフレーズ。自分が休職した後の対応もあるので「いつから」休職するかは早めに関係者に知らせておきます。理由は「出産のため」「療養のため」「介護のため」などが挙げられます。

～には復帰いたします

しばらくの間、休職いたしますが
○月には現在の部署に復帰いたします。

　復帰の時期を伝えるフレーズ。復帰の時期がある程度わかっている場合は「いつ」「どこに（部署など）」を伝えます。「休職いたしますが」の代わりに「職場を離れますが」としてもよいでしょう。

28 暑中見舞い・残暑見舞いの文例とフレーズ

暑中見舞いや残暑見舞いのフレーズをメールに添え、相手を気遣う気持ちを伝えると好印象を与えます。ご無沙汰している相手への連絡の口実にもなります。

暑中見舞いの活用

件名：Webサイトリニューアルのお知らせ

○○株式会社
佐藤様

暑中お見舞い申し上げます。   POINT
メルイチ工房の鈴木です。

このたび弊社では
Webサイトをリニューアルいたしました。

取扱商品の検索や
マニュアルのダウンロードが可能となり
より一層、便利にご利用いただける
Webサイトになりました。

ぜひ、ご覧いただき、お役立てください。
http://www.XXXXXX.com

関東は連日の猛暑とのこと。
まだまだ暑い夏が続きますので、
くれぐれもご自愛ください。

18	遠慮・謙そん
19	催促・督促
20	紹介
21	案内・勧誘
22	参考
23	報告
24	連絡・お知らせ
25	相談
26	転職・退職
27	休職
28	**暑中・残暑見舞い**
29	年末のあいさつ
30	年始のあいさつ
31	贈答
32	お祝い
33	異動

195

POINT	暑中見舞いや残暑見舞いのみを目的とするメールを送ることはなくても、通常の用件の他に告知や案内に「暑中お見舞い」「残暑お見舞い」のフレーズを入れて送ります。相手を気遣うひと言を添えると好印象を与えます。

猛暑のさなかでも「残暑見舞い」？

　暑中見舞いは二十四節気の小暑（7月7日ごろ）から立秋（8月7日ごろ）までに、残暑見舞いは立秋を過ぎてから8月いっぱいまでを目安に送ります。

　毎年、立秋の時期は実際にはまだまだ暑さも厳しいですが、暑中見舞いも残暑見舞いも季節のごあいさつという意味合いが含まれているので、形式は踏まえておくほうがよいでしょう。

暑中見舞い・残暑見舞いの基本フレーズ

暑中（残暑）お見舞い申し上げます

暑中（残暑）お見舞い申し上げます。
3月以降ご無沙汰しておりますが、お変わりありませんか。

　通常、はがきで送る季節のあいさつですが、ご無沙汰している相手への件名、メール本文の書き出しにも使えます。

Ⅱ……ビジネスメールの文例とフレーズ

暑中見舞い・残暑見舞いのフレーズにプラス

お体に気をつけて

猛暑が続き、外回りも大変かと思います。
お体に気をつけてお過ごしください。

相手の健康状態を気遣うフレーズ。「まだまだ、暑い（寒い）日が続きますので」「お忙しいことと思いますが」などのフレーズと組み合わせて使用すると収まりが良いです。

ご自愛ください

NG▶ お体ご自愛ください。
OK▶ 暑さ（寒さ）の折、ご自愛ください。

暑中見舞い、残暑見舞いによく使われる結びのフレーズ。「ご自愛ください」だけで「お体に気をつけてくださいね」という意味が含まれているので「お体」は不要。「お体」の代わりに「暑さ（寒さ）の折」「くれぐれも」を「ご自愛ください」の前につけるようにするとよいでしょう。

18 遠慮・
　　謙そん

19 催促・
　　督促

20 紹介

21 案内・
　　勧誘

22 参考

23 報告

24 連絡・
　　お知らせ

25 相談

26 転職・
　　退職

27 休職

28 暑中・
　　残暑
　　見舞い

29 年末の
　　あいさつ

30 年始の
　　あいさつ

31 贈答

32 お祝い

33 異動

197

29 年末のあいさつの文例とフレーズ

年末の業務休業前に、1 年間の感謝の意をひと言伝える
メールを送るのも感じが良いものです。年末年始の予定も
事前に通知しましょう。

年末のあいさつ

件名：年末のごあいさつ

○○株式会社
佐藤様

お世話になります。
メルイチ企画の鈴木です。

今年も残すところ、あとわずかとなりました。　　　POINT①
佐藤様には 1 年間大変お世話になり、
ありがとうございました。

おかげさまで、XX プロジェクトも順調に進んでいます。
来年も引き続きお力添えいただきますよう
お願いいたします。　　　　　　　　　　　　POINT②

弊社は 12 月 XX 日で仕事納めとなります。　　POINT③
新年は、1 月 X 日から営業を開始いたします。

どうぞ良いお年をお迎えください。
新年もよろしくお願いいたします。

POINT ① 主眼は年末のあいさつに置き、1 年の感謝の言葉
を伝えます。

Ⅱ……ビジネスメールの文例とフレーズ

POINT ② 相手と関与している仕事や案件にも触れて感謝の
意を伝えます。
POINT ③ 年末年始の営業日の告知も添えておきましょう。

年末のあいさつ基本フレーズ

残すところ、あとわずか

今年も残すところ、あとわずかとなりました。
1年間大変お世話になりました。

　年末のあいさつメールの書き出しに便利な、年の瀬を表現する定番フレーズ。

引き続き

来年も引き続き、お力添えいただきますようお願いいたします。

「今年に続いて来年もよろしくお願いします」という意を込めて使うフレーズ。「お力添え」は相手との関係により「ご協力」「お付き合い」「ご愛顧」など、適切な言葉に言いかえるとよいでしょう。

至らぬ点も多々

至らぬ点も多々あったかと思いますが
ご愛顧いただき感謝いたしております。

18 遠慮・
　謙そん

19 催促・
　督促

20 紹介

21 案内・
　勧誘

22 参考

23 報告

24 連絡・
　お知らせ

25 相談

26 転職・
　退職

27 休職

28 暑中・
　残暑
　見舞い

29 年末の
　あいさつ

30 年始の
　あいさつ

31 贈答

32 お祝い

33 異動

客先や取引先に対して、自分や自社の力の及ばなかった点をわびるフレーズ。後に感謝やお礼の気持ちを表す表現を添えて使う。

年末のあいさつプラスのフレーズ

➕仕事納め

弊社（または部署名）は△日で<u>仕事納め</u>となります。

年内の営業日を知らせるフレーズ。

➕年明け

<u>年明け</u>、□日から営業を開始いたします。

仕事始めの日程を知らせるフレーズ。

「皆様」よりも個人名で！

年末のあいさつメールを関係者に同報で送信する際、「皆様におかれましては」「皆様方のご協力のおかげ」など、「皆様」でひとくくりにしてしまいがちです。しかし、メールの場合は「○○さん」と固有名詞で呼びかけるほうが、より相手の心に訴えかけます。

本文のフォーマットは同じでも手間を惜しまず、宛名ごとにひと言コメントを添えて個別にメール送信すれば、「あなただけ」感のあるメールになります。宛名部分を個別に設定して一斉送信できるメールソフトを利用してもよいでしょう。

Ⅱ……ビジネスメールの文例とフレーズ

年末年始の営業日のお知らせ

件名：年末年始の営業日のご案内

お世話になります。
今年も残すところ、あとわずかとなりました。
年末年始の営業日についてご案内申し上げます。

2018年 12月 29日　平常通り　　　　　　　　　　　POINT①
　　　　　12月 30日　15時 営業終了（終了後　全体納会）
　　　　　12月 31日　休業
2019年　1月　1日　休業
　　　　　1月　2日　休業
　　　　　1月　3日　休業
　　　　　1月　4日　平常通り営業

12月30日は15時をもちまして業務を終了する予定です。
年明け4日は平常通り9時から営業を開始します。 POINT②

来年も引き続き、よろしくお願いいたします。
良いお年をお迎えください。

POINT① 年末年始の営業日の告知がメインなので、営業日と休業日がひと目でわかるように告知します。

POINT② 「通常」自体に「いつも通り」という意味合いが含まれるので、「通常通り」という表現は意味が重複しています。「平常通り」または「通常と変わらず」とします。

18 遠慮・謙そん

19 催促・督促

20 紹介

21 案内・勧誘

22 参考

23 報告

24 連絡・お知らせ

25 相談

26 転職・退職

27 休職

28 暑中・残暑見舞い

29 年末のあいさつ

30 年始のあいさつ

31 贈答

32 お祝い

33 異動

201

30 年始のあいさつの文例とフレーズ

年賀状を出しそびれたときや年が明けて初メールを送るときに年始のあいさつをひと言添えてみましょう。気持ちが改まります。

年始のあいさつ

件名：年始のごあいさつ

○○株式会社
佐藤様

明けましておめでとうございます。
メルイチ企画の鈴木です。

昨年は大変お世話になり、ありがとうございました。
今年も引き続き、△△プロジェクトでは
お世話になることと存じます。
どうぞよろしくお願いいたします。　　　　　POINT①

年明けは1月5日より　　　　　　　　　　POINT②
平常通り営業いたしております。

ご用命がございましたら、何なりとお申しつけください。

POINT① メールによるあいさつは略儀であることを踏まえ、対面や年賀状でのあいさつがかなわなかった際にメールを活用します。相手に関連する事柄に触れ、ありきたりな定型文にならない工夫を。年始のあいさつメールでなくても、新年の初メール

II······ビジネスメールの文例とフレーズ

の冒頭に「明けましておめでとうございます。今年もよろしくお願いいたします」というフレーズを添えてもよいでしょう。

POINT ② 改めて、年始の営業開始日を添えるとより丁寧です。

年始のあいさつ基本フレーズ

明けましておめでとうございます

明けましておめでとうございます。
今年も引き続きよろしくお願いいたします。

年賀状の定番フレーズですが、新年に送る最初のメールに冒頭のあいさつとして使うと、改まった気持ちを伝えることができます。

「新年明けまして」はNG

「明ける」とは「旧年から新年になる」という意のため、一般に「明けましておめでとうございます」に「新年」は重ねて用いないものとされます。

NG▶ 新年明けましておめでとうございます。
OK▶ 明けましておめでとうございます。
OK▶ 謹んで新年のお喜びを申し上げます。

18 遠慮・
　謙そん

19 催促・
　督促

20 紹介

21 案内・
　勧誘

22 参考

23 報告

24 連絡・
　お知らせ

25 相談

26 転職・
　退職

27 休職

28 暑中・
　残暑
　見舞い

29 年末の
　あいさつ

30 年始の
　あいさつ

31 贈答

32 お祝い

33 異動

203

昨年はお世話になり

昨年はお世話になり、ありがとうございました。
今年も引き続き変わらぬお付き合いをお願いいたします。

　年末のあいさつメールを送っていない場合には、年始のあいさつメールで昨年までの付き合い、取引への感謝の意を述べます。

気持ちも新たに

気持ちも新たにサービス向上に努めてまいりますので、
今年もどうぞよろしくお願いいたします。

　新年に向けての決意や思いを表すフレーズ。

31 贈答の文例とフレーズ

贈答の品を受け取ったときは、すぐにお礼の連絡を。メールによるお礼は略儀ですが、速やかに連絡できる点を生かして感謝の言葉を伝えましょう。

贈り物（お中元・お歳暮）のお礼

件名：結構なお品をありがとうございます

○○株式会社
佐藤様

いつもお世話になります。
メルイチ企画の鈴木です。

この度はお歳暮（お中元）の品をお送りいただき、　　POINT
ありがとうございます。
早速、一同でおいしくいただきました。

いつもお気遣いいただき、心から感謝しております。

略儀ながら、メールにてお礼申し上げます。

POINT　お礼のメールは品物を受け取った知らせにもなります。簡単でもお礼を必ず伝えましょう。受け取ったことを伝えるフレーズとしては「ありがたく拝受しました」もあります。

18 遠慮・
　　謙そん

19 催促・
　　督促

20 紹介

21 案内・
　　勧誘

22 参考

23 報告

24 連絡・
　　お知らせ

25 相談

26 転職・
　　退職

27 休職

28 暑中・
　　残暑
　　見舞い

29 年末の
　　あいさつ

30 年始の
　　あいさつ

31 贈答

32 お祝い

33 異動

205

お中元の贈り物？

「お中元（歳暮）の贈り物をいただき、誠にありがとうございます」という一文。どこが変だかわかりますか？　お中元やお歳暮そのものが「贈り物」なので「お中元の贈り物」「お歳暮の贈り物」という表現は意味が重なっています。この場合は下記のように言いかえます。

- お中元（お歳暮）をいただき、誠にありがとうございます。
- 結構なお品をいただき、誠にありがとうございます。
- お心遣いの品をいただき、誠にありがとうございます。

贈答の基本フレーズ

心ばかりの品（もの）

お礼というほどのものではございませんが、
心ばかりの品をお送りしました。

　ほんの気持ち程度のものという意で自分から贈るときに使うフレーズ。「お中元」「お歳暮」の代わりとしても使えます。

結構なお品（もの）

このたびは結構なお品を頂戴し、ありがとうございます。

　自分から品物を贈るときは「心ばかりの品」と言うのに対し、相手から贈られた物のこと。「お品」「ご佳品」とも言います。

Ⅱ ……ビジネスメールの文例とフレーズ

お中元・お歳暮を遠慮する

件名：お心遣いへのお礼とおわび POINT①

いつもお世話になります。

この度は結構なお品をお贈りいただき
ありがとうございます。
大変恐縮しております。

せっかくのお心遣いを無にするようで心苦しいのですが
当社ではお取引先からの贈り物は
お受けできないことになっております。 POINT②

お気持ちだけ、ありがたく頂戴し、 POINT③
お送りいただいた品は別便にて
ご返送させていただきました。
どうかご容赦ください。

略儀ながらメールにて、
お礼ならびにおわびを申し上げます。

POINT ① 件名でおわびとすぐわかるようにします。「お歳暮（中元）のお礼とおわび」としてもよいでしょう。

POINT ② 相手の厚意を無にすることをわびる気持ちを念頭に、事情を伝えます。

POINT ③ 返送の旨も言葉を選び、おわびとともに丁寧に伝えます。

---

18 遠慮・謙そん

19 催促・督促

20 紹介

21 案内・勧誘

22 参考

23 報告

24 連絡・お知らせ

25 相談

26 転職・退職

27 休職

28 暑中・残暑見舞い

29 年末のあいさつ

30 年始のあいさつ

31 贈答

32 お祝い

33 異動

207

贈り物を断るときのフレーズ

無にする

せっかくのご厚意を無にして申し訳ありません。

　中元や歳暮を断るときの心苦しい気持ちを伝えるフレーズ。「ご厚意」を「お心遣い」と言いかえることもできます。

お気持ちだけ頂戴し

当社ではお取引先からの贈り物はお受けできないため、
お気持ちだけありがたく頂戴いたします。

　中元や歳暮をやんわりと断るときのフレーズ。「いりません」では角が立つので、「そのお気持ちだけで十分です」と相手の心遣いへの感謝を伝えます。

お気遣いなさいませんよう

今後はどうぞお気遣いなさいませんようお願いいたします。

「今後、中元や歳暮の気遣いはしないでください」と伝えるフレーズ。より丁重に表現すると「今後はこのようなお気遣いのなきようお願い申し上げます」です。

32 お祝いの文例とフレーズ

その場に駆けつけられないとき、メールで祝福の気持ちを送ることもできます。儀礼的な文章にとらわれず、礼儀をわきまえながら自分の言葉で気持ちを伝えましょう。

栄転のお祝い

> **件名：ご栄転、おめでとうございます**
>
> ○○株式会社
> 佐藤様
>
> いつもお世話になります。
> メルイチ企画の鈴木です。
> この度は△△（赴任先）へご栄転とのこと、
> 心よりお祝いを申し上げます。
>
> 広島支社ご在任中は大変お世話になり、
> ありがとうございました。
> 当地を離れてしまわれることはさびしい限りですが　POINT
> 佐藤様と仕事をご一緒でき、
> 多くのものを学びました。
>
> 今後とも変わらずお付き合いをいただきますよう
> よろしくお願いいたします。
>
> くれぐれも健康に留意され、
> 一層のご活躍をお祈りしております。

POINT 相手から学んだことや受けた恩恵に触れ、感謝の気持ちを伝えます。相手に関連することを自分の言葉で表現しましょう。

18 遠慮・謙そん
19 催促・督促
20 紹介
21 案内・勧誘
22 参考
23 報告
24 連絡・お知らせ
25 相談
26 転職・退職
27 休職
28 暑中・残暑見舞い
29 年末のあいさつ
30 年始のあいさつ
31 贈答
32 お祝い
33 異動

209

開業のお祝い

件名: ご開業おめでとうございます

この度はご開業、おめでとうございます。

落ち着かれましたころ　　　　　　　　　　POINT
改めて、新事務所（店舗）へ
ごあいさつに伺いたいと思います。
まずはメールにて、お祝いまで。

POINT　　お祝いのあいさつに直接訪問する場合でも、開店
当日にお祝いの気持ちをひと言メールで伝えてお
くとよいでしょう。

その他の栄転・昇進のお祝いの文例

ご出発前でご多忙とは思いますが、
ささやかながら送別会を開きますので
お時間を取っていただけますか。

この度は、○○（役職）にご昇進とのこと。
おめでとうございます。
これまでにも増してお忙しくなられると思いますが
引き続きどうぞよろしくお願いいたします。

栄転と昇進の違い

「栄転」「昇進」のいずれも、今までより高い地位・役職に
就くことを指しますが、「栄転」の場合は転任の尊敬語とし

Ⅱ……ビジネスメールの文例とフレーズ

ても用いられます。つまり、支店長や営業所長、海外赴任など、役職が上がるとともに勤務地が変わることを意味します。

　ただ表向きは「栄転」でも、実際は左遷ということもあります。相手の状況を把握し、感謝の気持ちや励ましの言葉を添えましょう。

お祝いの基本フレーズ

この度は○○、おめでとうございます

この度は新社屋の完成、おめでとうございます。

　相手の新たな展開や進展を祝福するときの定番フレーズ。○○には、新社屋完成、会社設立、開業、開店の他、創業記念として「創業30周年を迎えられ」などを使うことができます。

心よりお祝い申し上げます

多年の努力が実り、この日を迎えられたことを
心よりお祝い申し上げます。

「おめでとうございます」に代わる祝福のフレーズ。

改めてごあいさつに伺います

落ち着かれましたころ、改めてごあいさつに伺います。

　実際に新しい社屋や店舗へ足を運ぶことが何より相手への

18	遠慮・謙そん
19	催促・督促
20	紹介
21	案内・勧誘
22	参考
23	報告
24	連絡・お知らせ
25	相談
26	転職・退職
27	休職
28	暑中・残暑見舞い
29	年末のあいさつ
30	年始のあいさつ
31	贈答
32	お祝い
33	異動

211

お祝いになります。お祝いの言葉とともに訪問の意思があることを伝えます。

　遠方で訪問がかなわない場合は、お祝いの品を贈るなど、相手の門出をともに喜ぶ気持ちを形で表すのもよいでしょう。

礼儀をわきまえつつ、メールらしい文章を

　メールはあくまで略儀で、正式な文書ではありません。ですが、直接、お祝いに出向くことができないような場合には、気持ちを真っ先に伝えることができる便利なツールでもあります。

　だからこそ儀礼的な硬い文章にとらわれず、相手への礼儀をわきまえながらも、1箇所でも自分の言葉で思いを表現しましょう。

- ●ささやかですが、お祝いの品をお送りいたしました。
　新しい社屋に飾っていただければ幸いです。
- ●念願の独立を果たされ、晴れやかな気持ちで
　この日を迎えられたことでしょう。
- ●○○様の努力と熱意の成果ですね。
　本当に頭が下がります。
- ●これまでにも増してお忙しくなることと思いますが、
　ますます手腕を発揮されることをお祈りしております。

---

33 異動の文例とフレーズ

慌ただしく前任地を去ったような場合、赴任先から改めて
異動の知らせとともに新しい連絡先とともに感謝の意を伝
えます。

異動のあいさつ

件名：異動のごあいさつ

○○株式会社
佐藤様

お世話になります。
メルイチ企画の鈴木です。
お元気でご活躍のことと存じます。

この度、X月X日付で△△（赴任先）勤務となり、
着任いたしました。
◇◇（前任地）在勤中は大変お世話になり、
ありがとうございました。　　　　　　　　　POINT

新任地におきましても、
以前と変わらぬお付き合いをいただければ、
うれしく思います。
今後ともご指導ご鞭撻のほど、
よろしくお願いいたします。

略儀ながら、お礼かたがたごあいさつ申し上げます。

POINT　いつ付で、どこに異動になったかをまず明らかに
します。次に在勤中にお世話になったことへの感
謝の意を伝えます。

18 遠慮・
　　謙そん

19 催促・
　　督促

20 紹介

21 案内・
　　勧誘

22 参考

23 報告

24 連絡・
　　お知らせ

25 相談

26 転職・
　　退職

27 休職

28 暑中・
　　残暑
　　見舞い

29 年末の
　　あいさつ

30 年始の
　　あいさつ

31 贈答

32 お祝い

33 異動

異動の基本フレーズ

この度、〜勤務となり

この度、4月1日付で広島勤務となり、着任いたしました。

　異動後の所在を知らせる定番フレーズ。「いつ」の辞令で、「どこに」赴任したかを伝えます。

在任期間中は

在任期間中は大変お世話になり、ありがとうございました。

　異動前にお世話になった相手へのお礼の気持ちを伝えるフレーズ。「2年間の在任期間中は」と前任地の在任期間を添えてもよいでしょう。「在任中」「在期中」「在勤期間中」と言いかえることもできます。

気持ちも新たに

東京では気持ちも新たに、業務にまい進する所存です。

　異動先と、新任地での意欲を伝えるフレーズ。

214

Ⅱ ……ビジネスメールの文例とフレーズ

異動のフレーズにプラス

➕ご指導ご鞭撻のほど

今後とも変わらぬご指導ご鞭撻のほどよろしくお願い申し上げます。

「異動後も変わらぬお付き合いをお願いします」という気持ちを伝えるフレーズ。「ご指導ご鞭撻のほど」が硬く感じられる場合は「お付き合い」と言いかえることもできます。

- 今後ともご指導のほど、よろしくお願いいたします。
- 私の後任は□□が引き継ぎます。
- 今後とも弊社と変わらぬお付き合いを
  よろしくお願いいたします。

18 遠慮・
　　謙そん

19 催促・
　　督促

20 紹介

21 案内・
　　勧誘

22 参考

23 報告

24 連絡・
　　お知らせ

25 相談

26 転職・
　　退職

27 休職

28 暑中・
　　残暑
　　見舞い

29 年末の
　　あいさつ

30 年始の
　　あいさつ

31 贈答

32 お祝い

33 異動

215

ミスをなくし、効率アップ！
ビジネスメールの最適化

相手も自分もストレスなく
メールをやり取りするためのコツを紹介。

1 > 辞書登録で入力時間を大幅カット!

　メールで頻繁に使う言葉は辞書登録しておくと便利です。メールのやり取りで使う頻度の高い「おはようございます」「お世話になります」「よろしくお願いいたします」などの定番フレーズをパソコンの「辞書ツール」を使って登録しておきます。

頻出用語を登録

　特定の文書や仕事ごとに頻出する用語を辞書登録しておくと、入力時の効率がアップします。

- 「コミュニティ」「Web サイト」のようにその都度入力が面倒な単語。
- 「投資信託」「介護保険」といった、あるテーマで文章を書くとき、頻繁に登場する単語や専門用語。
- 「下水流」「DeNA」といった、独特な人名や社名、商品名など、すぐに変換候補として挙がらない固有名詞。

　この他、地名、専門用語、文字数の多い言葉、英語、外来語などもあります。

　通常のメール用に、客先の会社名、社長名や担当者名、「株式会社」「有限会社」「(株)」「(有)」などの登録もお勧めします。パソコンの変換候補に挙がってくる㈱と㈲は機種依存文字なので、そのまま使うと文字化けの恐れがあります。カッ

218

コを全角で入力し直した（株）と（有）を辞書登録しておくと
便利です。

入力が面倒なものを登録

- メールアドレス
- 郵便番号
- 住所
- 電話番号

　上記のように、入力に手間取るものを辞書登録しておくと、
メールマガジンなどの各種登録作業、ネットショップやネットオークションでの取引きも時間を取りません。

コラム　メールの返信時間を決める

　メールの返信は優先順位をつけて対応すると効率的です。
　優先順位をつけるポイントは「即答できる内容か否か」。
即答、即決できる内容であれば、即返信が可能ですが、考えたり、調整したり、調べる必要のあるものは返信に時間を要します。メールの重要度以上に、返信に要する時間の有無により返信の優先順位を決めていけば、処理しやすくなります。
　急いでいたり、限られた時間でメールチェックしたりする場合は、即答できるもの、急ぎのもの、重要な内容というポイントで返信の優先順位をつけます。返信に時間を要する場合は、ひと言その旨だけ先に相手に伝えておくと、相手は安心します。

2 CCとBCC、正しく使えていますか?

CCの留意点

CC で送信した場合、同報で送信したすべての相手のメールアドレスがメッセージのヘッダーに表示されます。CC で送信する場合は、相互に名前やアドレスを知らせることが適切かどうか、判断する必要があります。

CC で同報配信する相手が多すぎる場合や頻繁にやり取りする場合は、メーリングリストにするほうが効率的です。

CC の際は、メールの冒頭に「〇〇様へも同報です」と CC する相手の名前を添えておくと、CC の欄を確認するまでもなく、誰に同報されているかひと目で確認できます。

BCCの留意点

同報で送信したすべての相手のメールアドレスが公開されないのが BCC です。

CC がメッセージのヘッダーにすべての受信者のアドレスが明記されるのに対し、BCC に指定した人のアドレスは受け取った側には表示されません。複数の人に同時に通知、告知するときに便利な機能です。複数の人にまとめて送信するだけでなく、ピンポイントで特定の相手にだけ BCC することもできます。

BCC の際の宛名には「各位」がよく使われますが、「各位殿」「各位様」と間違えないように注意しましょう。

Ⅲ……ビジネスメールの最適化

CCとBCCの使い分け

　メインの宛先の相手を軸に、メール送信する情報を誰とどのように共有したいかによって CC と BCC を使い分けます。

- 宛先（TO）
  メールを送りたい当事者
- CC（Carbon Copy）
  当事者以外に、その情報を共有したい相手
- BCC（Blind Carbon Copy）
  情報を共有したいが、同報の際にプライバシーを守りたい相手、あるいは、当事者には知らせずに同報したい相手

CCメールへの返信

　CC で送られるメールは、確認用や参考にメール内容を複数で共有したい場合に使用されることが多く、必ずしも返事を求められるわけではありません。読むだけでよい場合、返事が必要な場合、返信するなら CC された全員か、特定の相手か、その都度、同報の目的と流れを見て判断します。

BCCでバックアップ

　自分から送信するメールには Gmail など、自分の他のアドレスへ常に BCC でも送信するという方法もあります。こうすることで、メインのアドレスから送信するメールのやり取りを他のアドレスで受信し、バックアップをとることができます。

221

3 > 添付ファイルを確実に送受信するために

　こみいった内容やメールでは長文になり伝えきれない場合は、詳細や関連資料を別ファイルにまとめ、メールに添付して目を通して送信します。便利ですが、添付のし忘れや容量オーバーに注意が必要です。

添付する際の留意点

①事前に相手の通信環境を確認する

「添付ファイルのアプリケーションに対応しているか？」「ファイルサイズの限界は超えていないか？」その他、ファイル圧縮形式など、双方で事前に確認し合っておくと、後々のトラブルを防げます。

②複数の添付メールが集中する送り先への配慮

　同じファイル名、件名、送信者名にならないようにルールを設け、整理に手間取らない工夫をしましょう。

③ファイル名はひと目でわかるようにする

　Windows・Mac間は半角英数字のファイル名に。複数のファイルには通し番号を。

④送信前に要確認。ファイルは添付されている？

　ファイルをプレビューしてみましょう。ファイルを添付し忘れていないか、送信前にもう一度確認を！

III……ビジネスメールの最適化

ファイル整理の留意点

　同じファイル名が増えると後で区別がつかなくなるので、日付や案件名を入れ、ひと目で判断がつくようにします。特に、画像データを複数扱うときは、早めに整理しておかないと後になるほど数が増えて整理するのが面倒になり、間違う確率も増します。

　自分が見てすぐわかると同時に、受け取った相手にもすぐわかることを意識してファイル名をつけるのがコツです。

- ファイル名の頭に「20180928」「0928」など、日付を入れる。
- 同じタイトルで1日に何度も送受信する場合は、「new」などの文字を入れたり、「01」「02」「03」とファイル名に通し番号を入れる。
- 案件や項目ごとに専用のフォルダを作り、早めに整理してデータを収納する。

223

4 返信するとき 引用は必要?

　メールを返信する際、前のメール文の引用の取り入れ方にもスタイルがあります。どれが正しいかが問題ではなく、相手やメールの目的、主題により、使い分けましょう。

①全文引用
　前のメールをすべて引用し、その上に新たな文を重ねてやり取りの全文を残すスタイル。後から確認しやすいので、ビジネス向き。

【利点】
- やり取りの記録を残すことができる。
- 過去のメールを探す必要がなく、内容を確認しやすい。

【こんなときに最適】
- メールの返信に時間が経過してしまった（間が空いた）場合。
- 確認のため、やり取りの経過がわかったほうが良い場合。
- メールの用件について追加事項、関連事項を送る場合。

②部分引用
　必要な部分だけを引用し、それに対する意見や見解を書いていくスタイル。

【利点】
- やり取りの核心部分がわかりやすい。
- 全文引用よりメールが短くて済む。

Ⅲ……ビジネスメールの最適化

【こんなときに最適】
- 返信するまでにあまり時間をおかない場合。
- １〜２往復程度のやり取りで済む場合。

③引用しない

前のメールを引用せず、その都度、新しいメールを作成し、送信するスタイル。

【利点】
- やり取りするたびに前のメールの引用部分が増えていかない。

【こんなときに最適】
- 同時進行で相手とやり取りできる場合。
- 1、2回のやり取りで完了する内容の場合。

メールのやり取りで、相手がどこまで引用するタイプかを見て判断するとよいでしょう。

5 > 送信前の最終チェック!

　メールの送信間違いは結果的に仕事の効率を下げます。送信直前に、下記の5項目を、素早くチェックしましょう。

☐　必要なファイルを添付し忘れていないか
☐　送信先は間違っていないか
☐　相手の社名や名前を間違っていないか
☐　書き忘れたことはないか
☐　BCC で送信すべきメールを CC にしていないか

　書き終えたメールは、面倒がらずに送信前にもう一度読み返す習慣をつけておくと、それだけでミスを軽減できます。社名や個人名の表記、送信先などに間違いがないか、添付するデータに誤りはないか確認してから送信ボタンを押す習慣をつけましょう。

送信ミスを起こしにくい「仕組み」を作る!

①アドレス帳の整理
　　⇒名前、社名、部署名での表記の徹底
　　⇒同姓の相手の区別

　継続したやり取りが発生する相手のアドレスは、名前だけでなく社名や部署名がわかるように登録し直して保存。自分のメールソフトの「差出人名」も確認しておく。

②ファイル名の工夫
⇒通し番号や日付をつけて、違いをわかりやすく

　ファイルの送り間違いに注意。混同・混乱しないようなファイル名の工夫を。

③処理の手順
⇒１件１件、確認しながら処理

　同じアドレスで申し込みメールや注文メールを受信すると混同しがち。用件別にフォルダに振り分けて受信する。返信するときも１件返信してから、次のメールに返信するなど、慎重・確実に処理。

④メールの内容を吟味
⇒読まれて困ることは書かない

　個人情報や機密事項の取り扱いはもちろんのこと、人のうわさや悪口、誹謗中傷など、人を不愉快にするネガティブな内容をメールに安易に書かない。

⑤互いのメール環境の確認
⇒パソコンの使用OS、容量などの確認

　送信先の添付ファイルの容量上限など、やり取りに障害となる点がないか事前に確認。

シーン別フレーズ一覧

➕ 基本フレーズにプラスして使うフレーズ
✕ 使い方を注意したほうがいい NG フレーズ
赤文字 上記のフレーズの言いかえ、あるいは関連した
フレーズ

感謝のフレーズ

ありがとうございます ········· 41

重ねてお礼申し上げます ···· 41

感謝いたしております

ありがたく思っております

恐れ入ります ·························· 42

恐縮です

おかげさまで ·························· 42

○○のおかげで

➕お気遣い ····························· 43

➕お心遣い ····························· 43

➕ご配慮 ································· 43

➕お取り計らい ························ 44

✕すみません ························· 44

✕どうも ································· 44

気遣いのフレーズ

お疲れ様でした
（でございました）············· 46

ありがとうございました ····· 46

おかげで ································ 47

大変でしたね ························· 47

遠慮なく ································ 47

ご足労 ·································· 47

お手数ですが
（ではございますが）········ 48

お忙しいところお手数です
が

お手間をかけますが ············ 48

お手をわずらわせて
恐縮ですが ·························· 48

お気になさらないで
ください ······························ 49

お気遣いなく ························· 49

ご無用 ·································· 49

拝察 ···································· 49

✕ご苦労様でした ················ 50

✕わざわざ ···························· 50

228

シーン別フレーズ一覧

おわびのフレーズ

申し訳ありません
（ございません）……………… 52

申し訳ないことを
しました ……………………… 53

深くおわびいたします

大変失礼いたしました

ご迷惑をおかけしました

おわびいたします

おわびいたします ……………… 54

心からおわび申し上げます

おわびの言葉もございません

おわびの申し上げようもございません

お許しください …………………… 54

ご迷惑をおかけしました …… 55

お恥ずかしい限りです ……… 55

失礼いたしました …………… 55

恐れ入ります ………………… 55

❶せっかく …………………… 56

❶残念ながら ………………… 56

❶あいにく …………………… 56

失念 …………………………… 56

〜しそびれて ………………… 57

✕すみません ………………… 57

大変申し訳
ございませんでした ……… 57

✕うっかり忘れて …………… 58

確認しそびれて

失念して

依頼のフレーズ

〜をお願いします
（できますか）………………… 60

〜いただけますか …………… 60

〜しましょうか ……………… 61

お（ご）〜願います ………… 61

❶恐れ入りますが …………… 62

よろしければ

できましたら

❶恐縮ですが ………………… 63

❶お手数を
おかけしますが …………… 63

お手数ですが

❶お手を
わずらわせますが ………… 63

お手間をかけますが

大変お手数ではございますが

❶勝手ながら ………………… 64

勝手を申しますが

❶〜する失礼を
お許しください …………… 64

229

➕ご無理を言いますが
（申し上げますが）············· 64

➕〜いただけると
幸いです ····························· 64

〜していただけるとうれし
いです

〜していただけるとありが
たいです

➕ご多用のところ ················ 65

➕折り入って ······················· 65

✖〜すること　〜のこと ···· 66

✖ＡをＢに
替えてください ················· 66

✖お手すきのときに ············· 66

打診のフレーズ

もし、よろしければ ············· 70

差し支えなければ ················· 70

ご都合は
いかがでしょうか ············· 71

ご都合のよろしいときに ····· 71

〜いただくことは
可能でしょうか ················· 72

いかがいたしましょうか ····· 72

いかがですか ······················· 72

ご確認をお願いします ········ 72

✖まだ〜していますか ········· 73

✖どうですか ······················· 73

✖どうにかなりませんか ····· 74

✖いいですか ························· 74

よろしいですか

✖どっちですか ····················· 74

どちらにいたしましょうか

確認のフレーズ

ご確認をお願いします
（いただけますか）············· 77

よろしいでしょうか ············· 77

よろしいですか

ご（お）〜いただけますか ·· 78

お目通しいただけますか

ご了承いただけますか

ご参加いただけますか

ご一読いただけますか

ご返信いただけますか

すでにご存じとは（かと）
思いますが ························ 78

ご査収ください ····················· 78

お聞きおよび ······················· 79

お聞きになっていらっしゃ
いますか

〜という理解で
よろしいですか ················· 79

〜と理解しておりますが、
問題はございませんか？

〜ということですね ············· 79

シーン別フレーズ一覧

➕すぐ（に） ································ 80

お申しつけください ············· 80

どちらになさいますか ········ 80

　どちらにされますか

　どのようにいたしましょう
　か

❌もらえますか ······················· 81

　いただけますか

　お願いいたします

❌うそですか ··························· 81

　お聞きしていますが、間違
　いは

❌よろしかったですか
　（でしょうか） ······················ 81

　よろしいですか

質問のフレーズ

どのように思われますか ···· 83

　どのようにお考えですか

お聞かせください ·················· 83

大変失礼ですが ····················· 84

いかほど ································· 85

どちらにいたしましょうか ··· 85

質問がございましたら、
　ご連絡ください ················· 86

お尋ねください ······················ 86

お知らせください ·················· 86

ご回答（いただき）
　ありがとうございます ····· 87

❌ご質問です ·························· 87

　質問します

　質問があります

❌教えてくれませんか ········ 88

　ご教示願えますでしょうか

　お教えいただけますか

❌ないです ····························· 89

　ありません

　ございません

❌参考になりました ············· 89

　勉強になりました

❌知らないのですか ············· 90

　ご存じですか

　どこまでご存じですか

❌知らないだろうけど ········· 90

　知っていますか

　ご存じかもしれませんが…

❌そうじゃなくて ··················· 91

返答のフレーズ

ご連絡いたします ·················· 93

　ご連絡申し上げます

ご返答いたします ·················· 93

ご説明申し上げます ············· 94

231

お待ちいただけますか ……… 94

改めてご返事いたします … 95

〜までにご回答
（返事）します ……………… 95

多少時間を要する …………… 95

ご返信は無用です …………… 96

✕返答させて
いただきます ………………… 96

✕返事はお暇なときに ……… 98

✕どうしたらいいですか
どうすればいいですか … 98

✕〜と思います ………………… 98

✕どちらでもいいです ……… 99

✕できそうなら〜します …… 99

✕〜でいいです ………………… 99

承諾のフレーズ

承知しました
（いたしました） …………… 101

承ります（ました） ………… 101

かしこまりました ………… 102

お待ちしています ………… 102

お引き受けします
（いたします） ……………… 102

申し分ありません
（ございません） ………… 103

異存ありません
（ございません） ………… 103

問題ありません
（ございません） ………… 103

➕喜んで …………………………… 104

ご快諾いただき、
ありがとうございます … 105

✕全然だいじょうぶ ……… 106

特に問題ありませんので

まったく問題ありません

拒否・辞退のフレーズ

見送る …………………………… 108

難しいです …………………… 108

しかねます …………………… 108

〜せざるを得ません ……… 109

困っています ………………… 109

➕申し訳ありません
（ございません） ………… 109

➕あいにく …………………… 110

➕せっかく …………………… 110

➕残念ですが
残念ながら ………………… 110

➕心苦しいのですが
心苦しい限りです ………… 111

➕恐れ入りますが
恐縮ですが ………………… 111

➕社内で検討（協議）し …… 111

➕かえって
ご迷惑をかける …………… 111

シーン別フレーズ一覧

✕無理です ……………………… 112

　対応しかねます

　難しい状況です

　ご期待に沿いかねます

　対応は難しいです

✕できません ………………… 112

　いたしかねます

　難しいです

　しかねます

✕いやです ……………………… 113

　おやめください

　遠慮いただけますか

✕聞いてないので
　〜わかりません …………… 113

　確認してご返答いたします

✕知りません ………………… 113

　存じません（存じておりません）

✕ちょっと …………………… 115

　あいにく

　せっかくですが

✕パスします ………………… 115

　せっかくですが、〜で参加
　できません

禁止・否定のフレーズ

　禁じます　禁止します …… 120

　おやめください ……………… 120

　ご遠慮ください
　（願います） ………………… 120

　お控えください ……………… 121

　ご協力をお願いします …… 122

　　ご協力いただけますか

　➕恐れ入りますが …………… 122

✕だめです …………………… 123

　危険です（危ないです）

　誤解されやすいです

　適切でない

✕〜しか ……………………… 123

✕どうせ ……………………… 124

可能・肯定のフレーズ

✕〜できないわけでは
　ない ………………………… 127

　できます

✕〜がないと…できない … 128

　〜あれば、…できます

✕ AではなくB ……………… 128

✕〜と思われがちですが、
　実は ………………………… 128

反論のフレーズ

　おっしゃるとおりです。
　ただ（ですが、しかし） … 132

確かに ………………………… 133

なるほど ………………………… 133

ごもっとも ……………………… 133

お言葉を返すようですが … 134

大変失礼とは存じますが … 134

そういう考え方も
　ありますが ………………… 135

申し上げにくいのですが … 135

かわす・回避のフレーズ

お気遣いいただき …………… 137

　ご心配いただき

　ご助言いただき

　アドバイスをいただき

ご心配には及びません …… 137

ご安心ください ……………… 137

お任せください
　ご一任ください …………… 138

✕余計なお世話です ……… 138

指摘・助言のフレーズ

僭越 ……………………………… 140

〜すれば、
　もっと良くなります …… 140

　〜すれば、申し分ありませ
　ん

　〜すれば、完ぺきです

〜すれば、これ以上言うこ
とはありません

✕間違っています
　違います ………………… 140

　ではないでしょうか

✕〜すべき ……………………… 141

　したほうがいい

　しませんか

✕〜のはず ……………………… 141

✕〜なければいけません … 141

　していただけますか

✕〜いいんじゃない ……… 142

提案のフレーズ

これまで以上に〜です …… 144

　さらに〜です

〜みては
　いかがでしょうか ……… 144

称賛のフレーズ

✕全然 ……………………………… 147

　とても

　まったく

✕すごい ………………………… 147

✕すごいですね ……………… 148

　素晴らしいですね

✕お上手ですね ……………… 148

234

シーン別フレーズ一覧

頼りにしています ················ 149

期待しています ··················· 149

お願いして良かった ·········· 149

　お願いして正解でした

　お願いして間違いありませんでした

助かりました ························· 150

遠慮・謙そんのフレーズ

とんでもない ························· 152

めっそうもない ··················· 152

お互いさま ··························· 153

恐れ入ります ······················ 153

痛み入ります ······················ 153

勝手な ································· 154

✕つまらないものですが ··· 154

　心ばかりのものですが

✕たいしたことはありません ························· 154

✕役不足 ······························ 155

　力不足

催促・督促のフレーズ

確認ですが ··························· 157

お手元に届いておりますでしょうか ······· 157

ご確認をお願いします ····· 157

✕まだ支払われていません ····························· 159

　ご入金いただいていないようです

紹介のフレーズ

差し支えなければ ·············· 162

お引き合わせ ······················ 162

橋渡し ································· 162

ご紹介いただき ··················· 163

お口添え ······························ 163

ご縁をいただき ··················· 163

✕ご紹介させていただきます ··················· 164

　ご紹介いたします

案内・勧誘のフレーズ

ご案内いたします ·············· 167

　ご案内申し上げます

〜のご案内です ··················· 167

　〜のお知らせです

ご一緒にいかがですか ····· 167

〜いただけるとうれしいです ··················· 168

✕〜がご便利です ·············· 169

　ご利用になると便利です

235

✕ご一緒しませんか ………… 170

（一緒に）いらっしゃいませ
んか

参考のフレーズ

（ご）参考に
　　なさってください ………… 172

ご参照ください ………………… 172

（ご）参考まで ………………… 172

勉強になりました …………… 172

お役に立てば幸いです …… 173

報告のフレーズ

ご報告いたします ………… 175

現在、〜です ………………… 175

✕つもり ……………………… 176

連絡・お知らせのフレーズ

失礼いたします ……………… 179

受領しました ………………… 179

確認しました

受け取りました

拝受しました

（無事に）届きました

拝見しました ………………… 179

見させていただきました

読ませていただきました

ご査収ください ……………… 180

まで ……………………………… 180

✕ご連絡させて
　　いただきます ……………… 181

ご連絡いたします

✕拝見させて
　　いただきました …………… 181

拝見しました

✕やっている ………………… 182

しています

しております

✕休まさせて
　　いただきます ……………… 182

休ませていただきます

✕お休み（休業）
　　させていただきます …… 183

休業日です（休みます）

休業いたします

相談のフレーズ

相談がございます …………… 185

〜のご意見を伺う …………… 185

お聞かせください

ご相談ください ……………… 185

ご相談に応じます

ご相談を承ります

シーン別フレーズ一覧

転職・退職のフレーズ

〇日付で〜を退職 187

本日が最終出社日 187

〜を円満退職し 187

〜に転職する
　運びとなりました 188

➕お世話になり、ありがとう
　ございました 188

➕改めてお礼を
　申し上げます 188

➕一緒に仕事ができて
　良かった 189

➕後任は
　〜が担当いたします 189

✕退職（転職）させて
　いただきます 191

退職することになりました

休職のフレーズ

私事で恐縮ですが 194

〜には復帰いたします 194

暑中見舞い・残暑見舞いのフレーズ

暑中（残暑）
　お見舞い申し上げます ... 196

お体に気をつけて 197

ご自愛ください 197

年末のあいさつのフレーズ

残すところ、あとわずか ... 199

引き続き 199

至らぬ点も多々 199

➕仕事納め 200

➕年明け 200

年始のあいさつのフレーズ

明けまして
　おめでとうございます ... 203

昨年はお世話になり 204

気持ちも新たに 204

贈答のフレーズ

心ばかりの品（もの） 206

結構なお品（もの） 206

無にする 208

お気持ちだけ頂戴し 208

お気遣いなさい
　ませんよう 208

お祝いのフレーズ

この度は〇〇、
　おめでとうございます ... 211

心より
　お祝い申し上げます 211

改めてごあいさつに
　伺います 211

237

異動のフレーズ

この度、〜勤務となり ······ 214

在任期間中は ······················ 214

気持ちも新たに ·················· 214

➕ご指導ご鞭撻のほど ····· 215

【著者プロフィール】
神垣あゆみ（かみがきあゆみ）

広島県呉市生まれ、尾道短期大学（現・尾道大学）国文科卒。自身が発行するメールマガジン「仕事美人のメール作法」は読者7000人、発行3000号を超え、メールに悩む多くのビジネスパーソンを救ってきた。著書に『考えすぎて書けない人のための1分間メール術』『仕事で差がつく言葉の選び方』（ともにフォレスト出版）など多数。

＊本書は2009年3月に小社より刊行された『メールは1分で返しなさい！』を改題および大幅に加筆・再編集したものです。

迷わず書けるメール術

2018年6月3日　初版発行

著　者　神垣あゆみ
発行者　太田　宏
発行所　フォレスト出版株式会社
　　　　〒162-0824　東京都新宿区揚場町2-18　白宝ビル5F
　　　　電話　03-5229-5750（営業）
　　　　　　　03-5229-5757（編集）
　　　　URL　http://www.forestpub.co.jp
印刷・製本　中央精版印刷株式会社

©Ayumi Kamigaki 2018
ISBN978-4-89451-980-0　Printed in Japan
乱丁・落丁本はお取り替えいたします。

迷わず書けるメール術

本書の読者限定プレゼント

完全無料＆コピペ歓迎！

メールの鉄板テンプレート

転職や年末年始のあいさつといった定番のメールから、「ごちそうになったお礼」「Webサイトリニューアルのお知らせ」「添付ファイル誤記のおわび」といったかゆいところまで手が届く実務に密着したシーンまで、数多くのテンプレートを用意しました。

ぜひ、あなたなりにカスタマイズしてご活用ください。

※無料プレゼントのテキストデータはWEBサイトからコピー＆ペーストしていただくものであり、テキストファイルや小冊子をお送りするものではありません。
※無料プレゼントのご提供は予告なく終了となる場合がございます。あらかじめご了承ください。

無料プレゼントを入手するにはコチラへアクセスしてください。

http://frstp.jp/mail